초등 국어 교과서 연계

1-2 (가) 2. 소리와 모양을 흉내 내요
1-2 (나) 6. 고운 말을 사용해요
       8. 띄어 읽어요
2-2 (가) 4. 말놀이를 해요
       5. 낱말을 바르고 정확하게 써요
3-1 (나) 7. 반갑다 국어사전
4-1 (나) 7. 사전은 나의 친구
       9. 자랑스러운 한글
5-2 (나) 8. 우리말 지킴이
6-1 (나) 7. 우리말을 가꾸어요

재미공부 02
맞춤법이 궁금해?

1판 1쇄 발행 | 2017년 4월 27일
1판 3쇄 발행 | 2023년 1월 31일

지은이 | 재미국어
그린이 | 이주희
펴낸이 | 이상배
펴낸곳 | 좋은꿈
디자인 | 김수연

등록 | 제396-2005-000060
주소 | 경기도 고양시 일산동구 장백로 26, 103동 508호
  (백석동, 동문굿모닝힐 1차) (우)10449
전화 | 031-903-7684 팩스 | 031-813-7683
전자우편 | leebook77@hanmail.net

ⓒ 재미국어, 이주희, 좋은꿈 2017

ISBN 979-11-85903-32-3 73700

블로그・네이버 | blog.naver.com/leebook77 | 인스타그램・leebook77

*좋은꿈-통권 41-2017-제4권

■ 책값은 뒤표지에 있습니다.
■ 저작인과의 협약에 따라 검인지를 붙이지 않습니다.
■ 잘못 만들어진 책은 구입한 서점에서 바꾸어 드립니다.
■ 책 내용의 일부 또는 전체를 인용하거나 다시 쓰려면
  반드시 출판사와 저작인의 허락을 얻어야 합니다.

어린이제품안전특별법에 의한 제품 표시
제조자명 좋은꿈 | **제조년월** 2023년 1월 | **제조국** 대한민국 | **사용연령** 8세 이상

맞춤법이 궁금해?

재미국어 글 | 이주희 그림

 책머리에

아름다운 우리말과의 약속

우리는 말과 글을 사용해 이야기하고 소통해요. 말과 글을 올바로 사용하지 않으면 서로 무슨 말을 하는지 모르겠지요. 맞춤법과 띄어쓰기는 우리가 지키기로 한 약속이에요. 그런데 약속을 잘 지키지 않아서 엉뚱한 일이 벌어지기도 해요. 내가 하고 싶은 말을 제대로 전하지 못할 수도 있고, 쉬운 띄어쓰기를 잘못해서 부끄러워질 때도 있어요. 이런 실수를 하지 않으려면 어떻게 해야 할까요?

우리가 자주 사용하는 말을 잘 살펴야 해요. 약속대로 잘 쓰고 있는지, 뜻도 모르면서 사용하고 있는 건 아닌지 말이에요.

한글이 만들어졌을 때와 지금은 시대가 많이 달라졌어요. 맞춤법도 시대에 맞게 조금씩 바뀌고 있어요. 사람들이 많이 쓰는 말로 바뀌는 거지요. 그렇다고 모두 바뀌는 건 아니에요. 쉽지만 올바르게 고치고 바른 뜻이 되도록 하는 거예요.

  그러면서 우리의 언어도 다양해지고 있어요. 덩달아 좋은 말보다 어려운 말, 쓰지 말아야 할 말도 늘었어요. 그래서 어떤 말을 써야 하는지, 어떤 말로 고쳐 써야 하는지도 함께 생각해 봐야 해요.

  이 책은 헷갈리고 틀리기 쉬운 맞춤법과 띄어쓰기를 쉽게 익힐 수 있도록 만들었어요. 한 번 익힌 말은 쉽게 고쳐지지 않아요. 그만큼 소중한 말을 예쁘고 바르게 써야겠지요. 하나씩 하나씩 익히면서 내가 쓰는 말이 올바른 말인지 확인해 보세요. 우리말을 올바르게 사용하고 바른 마음을 가진 친구들이 되었으면 좋겠어요.

지은이
재미국어

 차례

욕심쟁이 길들이기: 갔다 | 갖다 | 같다 12

지렁이 밥: 거름 | 걸음 16

기분 좋은 상사병: 낫다 | 낮다 | 낳다 20

귀신의 집: 너머 | 넘어 24

친절한 봄이: 다치다 | 닫히다 28

백 점짜리 자신감: 맞히다 | 맞추다 | 마치다 32

가로세로 낱말 맞히기 36

의좋은 남매: 매다 | 메다 38

흙투성이 재민이: 무치다 | 묻히다 42

순진한 엄마: 바치다 | 받치다 46

재민이의 케이크: 반드시 | 반듯이 50

요즘 산타: 부치다 | 붙이다 54

송편 빚는 날: 빗다 | 빚다 58

가로세로 낱말 맞히기 62

뛰는 아들 위에 나는 엄마: 시키다 | 식히다 64

눈물 맛 양파 절임: 저리다 | 절이다 68

마음은 스파이더맨: 짚다 | 집다 72

가슴이 철렁: 짓다 | 짖다 | 짙다 76

너랑 나랑 도긴개긴: 체 | 채 80

아자 아자 파이팅: 해치다 | 헤치다 84

가로세로 낱말 맞히기 88

지옥 버스를 타고: ⌒데 | ˅데 90

새로운 식구: 가리키다 | 가르치다 94

냄비의 새로운 이름: 거치다 | 걷히다 98

끔찍한 너, 주사: 깨끗이 | 가만히 102

스스로 할 수 있어요: 돼요 | 되요 106

게임이냐 공부냐: -든지 | -던지 110

가로세로 낱말 맞히기 114

살벌한 아침 식탁: -로서 | -로써 116

치과에 간 봄이: 아니요 | 아니오, 예 | 네 120

만두 만들기: 얇다 | 두껍다, 가늘다 | 굵다 124

지진은 무서워: 어떡해 | 어떻게 128

재석이의 우산: 잃다 | 잊다 132

2011~2016년 추가된 표준어 136

〈맞춤법하고 놀자〉
〈가로세로 낱말 맞히기〉 정답 143

일러두기

❶ 맞춤법 동화
생활하면서 겪었을 만한 이야기를 읽으며 자연스럽게 맞춤법의 올바른 쓰임을 알아봅니다.

❷ 맞춤법이 궁금해
각 동화별 주제가 된 낱말의 뜻풀이를 알아보고, 예문을 통해 낱말의 다양한 쓰임을 알아봅니다.

❸ 맞춤법하고 놀자
맞춤법 동화와 맞춤법이 궁금해를 통해 배우고 익힌 낱말을 직접 활용해 봅니다.

❹ 교과서 맞춤법 교실
초등 전 학년 국어 교과서에서 배우는 낱말의 구조와 흉내말, 관형어 등을 알아봅니다.

❺ 교과서 띄어쓰기 교실
틀리기 쉽고 헷갈리는 띄어쓰기 규칙에 대해 알아봅니다.

❻ 가로세로 낱말 맞히기
낱말 맞히기를 통해 재미있게 낱말 공부를 합니다.

욕심쟁이 길들이기

갔다 | 갖다 | 같다

재석에게는 여동생 봄이와 남동생 재민이가 있어요.
"내 거야."
재민이가 누나 봄이의 인형을 빼앗으려 했어요.
"안 돼. 내 거야."
재민이와 봄이는 인형을 두고 다투기 시작했어요.
"여기 다른 인형 많잖아."
엄마가 인형 상자를 내려놓았어요. 하지만 소용없었

어요. 재민이는 계속해서 누나의 인형을 갖겠다고 고집을 부렸어요.

"같은 인형인데 누나가 양보하렴."

다툼을 지켜보던 엄마가 봄이에게 말했어요. 하지만 봄이는 엄마 말을 듣지 않았어요.

"양보할수록 욕심만 커져요. 재민이 욕심쟁이 안 만들려면 안 되는 것은 안 된다고 말해야 해요."

봄이 말에 엄마는 할 말을 잃었어요. 봄이 말이 틀린 말은 아니었거든요.

"이건 내가 먹어야겠다. 동생들 뚱뚱보 안 만들려면 내가 먹는 수밖에."

재석이가 봄이와 재민이 몫으로 남겨 놓은 초콜릿을 냉큼 집어먹고 도망갔어요.

갔다, 갖다, 같다는 발음이 같아요.
하지만 뜻은 달라요.

갔다
→ 이곳에서 저곳으로 움직이다.
- 친구와 학교에 갔다.
- 가족들이랑 놀이공원에 갔다.

갖다
→ 자기 것으로 하다. 생각이나 사상 따위를 마음에 품다. 새끼나 알을 배 속에 지니다.
- 장난감을 갖고 놀다.
- 관심을 갖고 지켜보다.

같다
→ 서로 다르지 아니하다.
- 같은 색깔이다.
- 친구와 키가 같다.

짝꿍에게 줄 선물을 [　　　] 학교에 [　　　].

짝꿍도 내게 선물을 줬다. 그런데 내 선물과

짝꿍의 선물이 똑 [　　　] 깜짝 놀랐다.

받침이 있는 말 뒤에 ㅏ, ㅑ, ㅓ, ㅕ, ㅗ, ㅛ 같은 모음이 오면 앞의 끝소리에 쓰인 받침소리가 뒷말의 첫소리로 넘어가서 소리가 나요.

쓰는 법	읽는 법
악어	아거
낙엽	나겹
웃어요	우서요
목요일	모교일
어린이	어리니
국어	구거
손잡이	손자비
반짝이다	반짜기다
인어	이너
얼음	어름
할아버지	하라버지
놀이터	노리터

지렁이 밥
거름 | 걸음

할머니가 배 껍질을 깎았어요.
"우와, 길다!"
할머니는 한 번도 끊지 않고 껍질을 깎았어요. 돌돌 말린 배 껍질은 정말 길었어요.
"먹고 있어."
"어디 가세요?"
"지렁이 밥 주러."
할머니는 배 껍질을 모아 밖으로 나갔어요. 재민이도 빠른 걸음으로 쫓아갔어요. 할머니는 뒷마당에 배 껍질을 버렸어요. 그곳에는 배 껍질 말고도 다른 음식물 쓰레기들이 버려져 있었어요.
"지렁이 밥 준다면서 왜 그냥 버려요?"
"여기에 던져 주면 지렁이들이 와서 먹을 거야."
할머니는 삽으로 흙을 퍼서 배 껍질 위에 뿌렸어요.

"음식물은 음식물 쓰레기통에 버려야 한다고 했는데 이상하다."
재민이는 고개를 갸웃거렸어요.
"거름을 만들 거야."
"거름이 뭔데요?"
"영양제 같은 거야. 배 껍질이 지렁이 밥이 되고 나면 농사에 좋은 거름이 된단다."
재민이는 할머니가 마법사가 아닐까 생각했어요. 음식 찌꺼기가 영양제가 된다니, 정말 신기했어요.

 **맞춤법이 궁금해**

거름과 걸음은 발음이 같아요.
하지만 뜻은 달라요.

거름
➡ 식물이 잘 자라도록 땅을 기름지게 하기 위해 주는 물질. 똥이나 오줌, 썩은 동식물, 인이나 철, 칼슘 따위의 광물질 등이 거름이 된다.
• 밭을 갈고 거름을 뿌렸다.
• 봄이 되니 시골 논밭에서 똥거름 냄새가 진동했다.

걸음
➡ 두 발을 번갈아 옮겨 놓다. 일정한 방향으로 움직이다. 나아가는 기회, 오고 가고 하는 일 등.
• 화장실이 급해 걸음이 빨라졌다.
• 학원으로 향하는 걸음을 놀이터로 돌리고 싶었다.
• 우체국 가는 걸음이면 우편물 좀 부쳐 줘.
• 게임기 선물을 받은 후 오락실 걸음을 끊었다.

 **맞춤법하고 놀자**

☐ 을 잘 주었더니 텃밭 농사가 잘됐다.

오이, 호박, 고추, 상추 등을 바구니에 한가득 따고

돌아가는 ☐ 이 가볍게 느껴졌다.

교과서 맞춤법 교실

맞춤법, 왜 소리 나는 대로 쓰면 안 될까요?
형태소의 본 모양을 밝혀 적어야 하기 때문이에요. 형태소란 뜻을 가진 가장 작은 말의 단위예요.
형태소를 밝히지 않으면 무엇을 말하는지 알지 못할 때가 있어요. '별을 보고 싶다'는 표현을 "벼를 보고 싶다."라고 하면 쌀이 열리는 '벼'하고 헷갈리겠지요.

형태소	쓰기	읽기
꽃	꽃을	꼬츨
	꽃이	꼬치
	꽃잎	꼰닙
숲	숲이	수피
	숲만	숨만
	숲을	수플
별	별이	벼리
	별을	벼를
	별빛이	별비치

기분 좋은 상사병

낫다 | 낮다 | 낳다

"정말 예쁘다. 귀엽다. 사랑스럽다."

봄이는 막둥이가 좋았어요. 인형놀이도 안 하고, 좋아하는 만화도 안 보고 계속 막둥이 옆에만 있었어요.

게임 시켜 준다는 말에도 봄이는 꼼짝하지 않았어요. 막둥이 발가락을 만지작만지작거렸어요.

"우리 봄이가 상사병에 걸렸나 보네. 하하하."

"상사병이 뭔데요?"

"누군가를 사랑해서 생기는 병이지."

"상사병이 맞나 봐요. 막둥이가 너무 좋아요. 이 병은 쉽게 낫지 않을 것 같아요. 히히!"

봄이는 막둥이에게 뽀뽀했어요. 그 모습에 재민이가 입을 삐죽였어요.

"집 안 온도가 너무 낮은 거 아니야? 아기 낳고 산후 조리 잘해야 한다는데."

아빠 말에 엄마도 입을 삐죽였어요. 그리고 잠시 후 재민이와 엄마가 동시에 소리쳤어요.
"우리 집 막둥이는 나거든. 저 못생긴 강아지가 아니라."
"부인 산후조리는 안 시켜 주더니 개 산후조리 시키는 거예요?"
재민이와 엄마의 고함에 봄이와 아빠는 놀란 토끼눈이 되었어요.

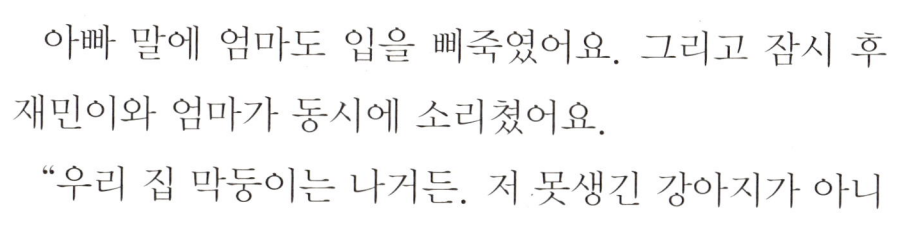

 **맞춤법이 궁금해**

낫다, 낮다, 낳다는 발음이 비슷해요.
하지만 뜻은 달라요.

낫다
→ 병이나 상처 따위가 고쳐지다. 보다 더 좋거나 앞서 있다.
• 감기가 싹 낫는 기분이었다.
• 여름보다 겨울이 낫다.

낮다
→ 기준이 되는 대상이 보통 정도에 미치지 못하다.
• 낮은 산이었지만 막상 오르니 힘이 들었다.
• 투표율이 낮게 나왔다.
• 그곳은 질이 낮은 물건만 팔았다.

낳다
→ 배 속의 아이나 새끼를 몸 밖으로 내놓다. 어떤 결과를 이루거나 가져오다.
• 서로 협력하여 우승이라는 결과를 낳았다.

 **맞춤법하고 놀자**

학년은 더 ☐ 지만 실력은 더 ☐ 보였다.

좋은 결과를 ☐ 나니 기분이 좋았다.

교과서 맞춤법 교실

우리말은 아홉 개의 품사로 나눌 수 있어요.
아홉 개 품사는 무엇이며, 어떻게 쓰이는지 알아보아요.

명사	이름을 나타내요.	산, 바다, 아기, 식물성
대명사	이름을 대신해요.	너, 우리, 너희
수사	수량이나 순서를 나타내요.	하나, 둘, 첫째, 둘째
조사	말과 말 사이의 문법적 관계를 표시하거나 뜻을 더해 주는 역할을 해요.	은, 는, 이, 가, 을, 를
동사	움직임을 나타내요.	놀다, 걷다, 날다, 웃다
형용사	상태나 성질을 나타내요.	귀엽다, 즐겁다, 좋다, 환하다
관형사	명사, 대명사, 수사를 꾸며 주어요.	새, 헌, 순
부사	동사, 형용사를 꾸며 주어요.	아주, 매우, 너무
감탄사	느낌, 대답, 놀람 등을 나타내요.	야호, 어머, 앗

귀여운 아기가 환하게 웃다.
우리 둘이 즐겁게 놀자!
어머, 순 식물성이라 너무 좋다.

귀신의 집

너머 | 넘어

재석이네 반에 이상한 소문이 돌았어요.
"정말이라니까. 나도 귀신 울음소리를 들었는걸."
"못 믿겠어."
"같이 확인해 보면 될 거 아니야. 확인해 보자."
재석이와 친구들은 학교를 마치고 귀신의 집이라고 소문난 학교 옆 낡은 주택 앞에 모였어요.

"정말 담장 너머에 귀신이 산단 말이지?"
"그렇다니까."
"누가 담장을 넘어갈래?"
"담장을 왜 넘어?"
"그래야 귀신이 사는지 안 사는지 확인하지."
"꼭 넘어야 할까?"
"……."

재석이와 친구들은 서로 눈치를 살폈어요. 서로 먼저 넘어가라고 떠밀었어요. 그때 담장 너머에서 쩌렁쩌렁한 소리가 들려왔어요.

"컬컬컬. 누가 남의 담을 함부로 넘겠다는 거야!"

그 소리에 아이들은 비명을 지르며 달아났어요. 정말 귀신 소리였을까요?

너머, 넘어는 발음이 같아요.
하지만 뜻은 달라요.

너머
→ 높이나 경계로 가로막은 사물의 저쪽이나 그 공간.
- 선생님이 창문 너머로 지켜보고 있었다.
- 담장 너머에서 웃음소리가 들렸다.

넘어
→ 일정한 시간이나 시기, 범위 따위에서 벗어나다. 높은 부분의 위를 지나다. 경계, 한계, 어려움 등을 지나다.
- 30도 넘는 불볕더위가 찾아왔다.
- 고개를 넘어가니 계곡이 보였다.
- 갑자기 쏟아진 비는 발목을 넘어 무릎까지 차올랐다.
- 어려운 고비를 잘 넘기고 건강을 되찾았다.

산 [　　] 바다를 보기 위해 산을 [　　] 갔다.

교과서 띄어쓰기 교실

한 개, 두 개, 1, 2, 3 같은 세는 단위는 어떻게 써야 할까요?
한글로 쓸 때는 띄어야 하고, 숫자로 쓸 때는 붙여야 해요.

띄어 쓸 때	붙여 쓸 때
배추 한 포기	배추 1포기
강아지 두 마리	강아지 2마리
고기 한 근	고기 1근
고등어 두 마리	고등어 2마리
양 백 마리	양 100마리
땅콩 백 개	땅콩 100개
사과 세 개	사과 3개
우산 한 개	우산 1개
책 다섯 권	책 5권
운동화 한 켤레	운동화 1켤레

한 포기, 두 마리, 한 근,
1개, 2마리, 고기 1근.
띄어쓰기를 잘해야 해요.

친절한 봄이

다치다 | 닫히다

봄이는 상냥하고 친절한 아가씨로 불려요.

"고마워!"

9층에 사는 아주머니가 엘리베이터 안으로 짐을 옮기며 말했어요. 그 사이 봄이는 엘리베이터 문이 닫히지 않도록 열림 버튼을 누르고 있었어요.

"천천히 옮기세요."

"우리 봄이는 언제 봐도 친절한 아가씨라니까."

어느 날이었어요.

"같이 가요."

9층 아주머니가 엘리베이터를 향해 달려왔어요. 하지만 엘리베이터 문이 닫히고 말았어요. 9층 아주머니는 하마터면 엘리베이터 문에 끼어 다칠 뻔했어요.

"봄이 같았는데?"

아주머니가 고개를 갸웃거렸어요.

"아주머니 죄송해요. 화장실이 너무 급해서요."
엘리베이터에 타고 있던 봄이가 작은 소리로 말했어요.
호호. 아무리 친절한 아가씨라도 화장실이 급할 때는 어쩔 수 없나 봐요.

 **맞춤법이 궁금해**

다치다, 닫히다는 발음이 같아요.
하지만 뜻은 달라요.

다치다
→ 신체나 마음, 체면 등에 상처를 입거나 입히게 하다.
- 놀다가 넘어져 무릎을 다쳤다.
- 축구를 하다가 발가락을 다쳤다.
- 마음이 다칠까 걱정되었다.

닫히다 (닫다의 피동사)
→ 열린 문짝이나 뚜껑 등을 막다. 회의나 모임 따위를 끝내다. 영업을 마치다. 입을 굳게 다물다.
- 창문을 닫았다.
- 비가 와서 일찍 문을 닫았다.
- 삐쳐서 입을 닫고 아무 말도 하지 않았다.

*피동사: 남의 행동을 입어서 행해지는 동작을 나타내는 동사.

 **맞춤법하고 놀자**

피아노 뚜껑을 ☐ 손가락을

☐ 후로 한동안 피아노를 치려 하지 않았다.

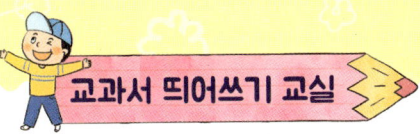

교과서 띄어쓰기 교실

새옷, 새 옷? 붙여 써야 할까요, 띄어 써야 할까요?
이, 그, 저, 새 같은 관형사는 띄어 쓰는 게 원칙이에요. 하지만 생활 속에서 자주 쓰이면서 한 낱말로 굳어진 것들은 붙여 써야 해요.

관형사	띄어요	붙여요
이	이 그림, 이 옷	이분, 이것, 이때
그	그 사람, 그 음식	그분, 그것, 그때
저	저 녀석, 저 사람	저분, 저것
새	새 학기, 새 교실	새언니, 새날, 새댁, 새색시
헌	헌 옷, 헌 신발	헌책, 헌것, 헌책방
순	순 살코기, 순 식물성	순우리말, 순살
첫	첫 느낌, 첫 만남	첫사랑, 첫눈
몇	몇 개, 몇 월	몇몇

새 학년을 맞아 헌 실내화를 새것으로 바꿨다.

백 점짜리 자신감

맞히다 | 맞추다 | 마치다

"야호, 끝났다!"
시험을 마치자 재석이가 두 팔을 올리며 소리쳤어요.
"아, 어려워."
아이들이 웅성거렸어요.
"몇 개 맞혔어?"
정훈이가 물었어요.
"나는 다 맞혔어."
재석이가 자신 있게 대답했어요. 정말 백 점 맞은 표정이었어요.
"그럼 나하고 정답 맞추어 보자."
"좋아!"
재석이는 친구와 한자 시험 정답을 하나하나 맞추어 보았어요.
"15번은 뭐라고 했어?"

"몰라."
재석이가 당당하게 말했어요.
"모른다고? 다 맞혔다며."
"쓴 것은 다 맞혔어. 쓴 것 중에는 틀린 게 없어."
"뭐라고?"
재석이의 백 점짜리 자신감에 친구는 고개를 저었어요.

맞히다, 맞추다, 마치다는 발음이 비슷해요.
하지만 뜻은 달라요.

맞히다
(**맞다**의 사동사)
→ 문제에 대한 답이 틀리지 아니하다.
• 정답을 맞히다.

맞추다
→ 떨어져 있는 부분을 제자리에 맞게 붙이다. 둘 이상의 대상을 비교하여 살피다. 기준이나 틀, 약속 시간, 수량, 차례 등에 어긋나지 않게 하다.
• 문짝을 틀에 맞추다.
• 친구와 정답을 맞추어 보았다.
• 약속 시간에 맞춰 안경을 맞추러 갔다.

마치다
→ 어떤 일이 끝나다.
• 숙제를 마치다.

*사동사: 문장의 주체가 자기 스스로 행하지 않고 남에게 그 행동을 하게 함을 나타내는 동사.

시험을 [　　] 몇 문제를 [　　　] 는지

[　　　] 보지도 않고 운동장으로

달려가 신나게 놀았다.

교과서 띄어쓰기 교실

처음부터는 붙여 써야 할까요, 띄어 써야 할까요?
부터는 조사예요. 조사는 꼭 붙여 써야 해요.

조사	꼭 붙여 써요.
은	사람은, 동생은, 별은
는	어린이는, 엄마는, 오리는
이	바람이, 눈이, 얼굴이
가	친구가, 모래가, 돼지가
부터	처음부터, 언제부터, 너부터
처럼	너처럼, 우리처럼, 고양이처럼
마다	날마다, 해마다, 그때마다
까지	그때까지, 아침까지, 친구들까지
조차	아빠조차, 선생님조차, 강아지조차

동생 눈이 별처럼 반짝였다.
아침부터 친구가 찾아왔다.

가로세로 낱말 맞히기

가로, 세로 열쇠를 읽고 정답을 맞혀 보세요.

가로 낱말 열쇠

① 먹고 난 뒤 그릇을 씻어 정리하는 일.

② 지구를 일정한 비율로 줄여, 이를 약속된 기호로 평면에 나타낸 그림.

③ 정해진 기간이나 일의 끝이 되는 때나 시기.

④ 이름을 나무나 돌 등에 새겨 문서에 찍도록 만든 물건.

⑤ 안부나 소식 등을 적어 보내는 글.

⑥ 첫째가는 큰 부자.

세로 낱말 열쇠

㉠ 사실이 아닌 것을 사실인 것처럼 꾸며 대어 말을 함.

㉡ 부모를 잘 섬기는 도리.

㉢ 인간보다 능력이 뛰어나다고 생각하는 어떠한 절대적 존재에게 비는 일.

㉣ 팥이나 콩 등의 소를 넣고 반달 모양으로 빚어서 솔잎을 깔고 찐 떡.

㉤ 손을 보호하거나 추위를 막거나 장식하기 위하여 손에 끼는 물건.

의좋은 남매
매다 | 메다

"재민아, 잠깐만. 신발 끈 풀렸어."
봄이가 재민이의 신발 끈을 예쁘게 매 주었어요.
"누나, 가방 무거워."
재민이는 메고 있던 유치원 가방을 내밀었어요.
"알았어. 누나가 집까지 들어 줄게."
"정말 다 키웠네. 우리 봄이가 정말 의젓하구나!"
엄마는 봄이와 재민이가 의좋은 남매라고 생각했어요. 그런데 잠시 후 소란스런 상황이 벌어졌어요.
"내 거야. 왜 내 거를 함부로 건드려?"
"내가 먼저 가지고 놀았잖아. 내가 가지고 놀 거야."
봄이와 재민이가 스티커북을 가지고 다툼을 벌였어요.
"누나가 좀 양보해."
엄마가 눈을 찡긋하며 말했어요.

"왜 만날 내가 양보해? 싫어. 재민이 미워!"
봄이가 힘으로 스티커북을 빼앗았어요.
"나도 누나 미워!"
봄이와 재민이는 서로 밉다고 소리쳤어요. 그 모습에 엄마는 한숨이 절로 나왔어요.
'의좋은 남매는 무슨. 아이고, 언제쯤 안 싸우려나.'

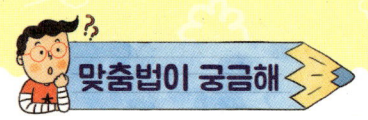 **맞춤법이 궁금해**

매다, 메다는 발음이 비슷해요.
하지만 뜻은 달라요.

매다
→ 끈이나 줄 따위로 풀어지지 않게 마디를 만들다.
논밭에 난 잡풀을 뽑다.
- 신발 끈을 매다.
- 넥타이를 매다.
- 밭을 매다.

메다
→ 어깨에 걸치거나 올려놓다. 뚫려 있거나 비어 있는 곳이 막히거나 감정이 북받쳐 목소리가 잘 나지 않다.
- 배낭을 메다.
- 허겁지겁 음식을 먹었더니 목이 메어 물을 마셨다.
- 눈물이 쏟아져 목이 메었다.

 **맞춤법하고 놀자**

등산화 끈을 단단히  아빠를 따라 등산을 갔다. 중간 중간 쉬면서 꽃구경도 하고, 어깨에  있던 배낭에서 김밥을 꺼내 먹었다.

교과서 띄어쓰기 교실

잘 먹다, 잘먹다? 붙여 써야 할까요, 띄어 써야 할까요? 부사는 띄어 쓰는 게 원칙이에요. 하지만 생활 속에서 자주 쓰이면서 한 낱말로 굳어진 것들은 붙여 써야 해요.

부사	띄어요	붙여요
잘	잘 먹다, 잘 놀다	잘되다, 잘하다, 잘생기다
못	못 먹다, 못 자다	못나다, 못되다, 못생기다
	못 하다, 못 했다 (상황이 안 될 경우)	못하다, 못했다 (실력이 없을 경우)
안	안 되다, 안 먹다	안되다 (일이 잘 되지 않을 때/ 걱정이나 병, 섭섭한 마음 등을 표현할 때)

시간이 없어서 못 했지, 실력이 없어서 못한 게 아니거든!

흙투성이 재민이

무치다 | 묻히다

재석이네 식구들이 농장에 갔어요.
"시금치하고 열무는 줄기를 잡아 뽑고, 상추 같은 쌈 채소들은 이파리만 똑똑 따면 돼."
엄마가 채소 수확하는 법을 가르쳐 주었어요.
"시금치가 싱싱하네. 무쳐 먹으면 맛있겠다."
엄마가 시금치를 뽑으며 좋아했어요.

재석이는 땅에 묻힌 열무를 쏙쏙 뽑았어요. 그 모습이 재미있었는지 봄이도 열무를 뽑겠다고 달려들었어요.

"오빠, 내가 더 큰 거 뽑았다."

"내가 뽑은 게 더 크거든."

재석이와 봄이는 서로 더 큰 열무를 뽑겠다고 경쟁했어요. 그 사이 아빠는 물을 길어 오고, 엄마는 쌈 채소를 땄어요. 막둥이 재민이는 무얼 하고 있었을까요?

재민이는 텃밭에서 머리부터 발끝까지 흙을 묻히고 장난을 치고 있었어요.

엄마가 그 모습을 본다면 "으악!" 하고 소리 지를지도 몰라요. 완전 흙투성이였거든요.

 **맞춤법이 궁금해**

무치다와 **묻히다**는 발음이 같아요.
하지만 뜻은 달라요.

무치다
→ 나물 따위에 갖은 양념을 넣고 골고루 뒤섞다.
• 고춧가루를 넣고 콩나물을 무치다.
• 고소한 들기름을 넣고 산나물을 무쳤다.

묻히다 (**묻다**의 사동사 피동사)
→ 가루, 풀, 물 따위로 흔적을 남게 하다. 물건이 흙이나 다른 물건으로 덮이다. 드러나지 않은 상태로 남게 되다.
• 콩고물을 묻힌 인절미는 정말 맛있다.
• 땅속에 묻혀 있던 유물이 발견되었다.
• 유물을 통해 묻혀 있던 진실이 드러나기 시작했다.

 **맞춤법하고 놀자**

엄마가 시금치를 ▭ 있는 사이,

아이들은 손가락에 크레파스를 잔뜩 ▭

벽을 낙서투성이로 만들어 버렸다.

교과서 띄어쓰기 교실

그것, 그 것? 붙여 써야 할까요, 띄어 써야 할까요?
'것'은 의존명사예요. 혼자서는 독립적인 의미를 갖지 못해 다른 말에 기대어 쓰이는 명사를 의존명사라고 하지요. 의존명사는 띄어 쓰는 게 원칙이에요. 하지만 생활 속에서 자주 쓰이면서 한 낱말로 굳어진 것들은 붙여 써야 해요.

의존명사	띄어요
줄	그럴 줄 알았다. 속을 줄 알았지?
터(테니)	그럴 터이니 걱정 마. 올 테니 기다려.
등	오이, 호박 등
수	할 수 있다. 만날 수 없다.

의존명사	띄어요 / 붙여요	
것	띄어요	어떤 것을, 우리 것이야
	붙여요	이것, 저것, 그것, 새것, 아무것
중	띄어요	공부 중, 보는 중, 식사 중, 여행 중
	붙여요	밤중, 한밤중, 그중, 부재중, 은연중

순진한 엄마

바치다 | 받치다

재민이가 엄마와 함께 강화도에 놀러 갔어요.
"엄마, 고인돌은 어떻게 만들었을까요?"
"그러게. 어떻게 만들었을까?"
"거인들이 만들었을 거예요. 거인이 기둥을 받치고 그 위에 널따란 돌을 얹어 놓은 거예요."
"정말?"
엄마는 재민이의 눈높이에 맞춰 놀라는 시늉을 했어요.
"음, 어쩌면 고인돌은 거인들의 밥상이었을지도 몰라요."
"어머, 그래?"
"거인들이 작은 사람들을 동물들로부터 지켜 주고, 대신 작은 사람들이 거인들에게 먹을 것을 바치는 거죠."

"우와, 정말?"
엄마는 더욱 놀라는 시늉을 했어요.
"엄마, 설마 제 말을 정말로 믿는 건 아니겠지요?"
"응?"
"거인이 어디 있어요? 엄마는 너무 순진하다니까."
"요 녀석이 엄마를 놀려."
"헤헤."

바치다, 받치다는 발음이 비슷해요.
하지만 뜻은 다르지요. 어떻게 다를까요?

바치다
→ 신이나 웃어른에게 정중하게 드리다. 무엇을 위하여 아낌없이 내놓거나 쓰다.
- 신에게 제물을 바치다.
- 평생 봉사활동에 몸과 마음을 바쳤다.

받치다
→ 물건의 밑이나 옆 따위에 다른 물체를 대다. 옷의 색깔이나 모양이 조화를 이루도록 하다. 어떤 일을 잘할 수 있도록 뒷받침해 주다.
우산이나 양산을 펴 들다.
- 기울어진 책장에 두꺼운 종이를 받쳐 두었다.
- 새로 산 티셔츠에 받쳐 입을 만한 바지가 없었다.
- 배경 음악이 받쳐 주니 더 감동적이었다.
- 우산을 받쳐 들고 마중을 나갔다.

쟁반을  들고 추석 상에 조상님들께

 음식을 날랐다.

교과서 띄어쓰기 교실

내가 먼저 볼걸, 내가 먼저 볼 걸? 붙여 써야 할까요, 띄어 써야 할까요? 붙여 쓰고, 띄어 쓰는 규칙을 알아보아요.

걸	끝에 오면 붙여요.	집에 있을걸.
	중간에 오면 띄어요.	집에 있을 걸 그랬다.
뿐	주로 붙여요.	너뿐이야. 그것뿐이야.
	ㄹ받침 뒤는 띄어요.	생각일 뿐, 거짓말일 뿐
	ㄹ받침이 와도 독립된 낱말은 붙여요.	먹을 것은 물뿐이다.
대로	주로 붙여요.	뜻대로, 마음대로
	ㄴ, ㄹ받침 뒤는 띄어요.	가는 대로, 될 대로
	ㄴ, ㄹ 받침이 와도 독립된 낱말은 붙여요.	모란은 모란대로 목련은 목련대로 예쁘다.
만큼	주로 붙여요.	생각만큼, 책만큼
	ㄴ, ㄹ받침 뒤는 띄어요.	할 만큼, 알 만큼
	ㄴ, ㄹ 받침이 와도 독립된 낱말은 붙여요.	양치질만큼은 꼭 하고 자라.

재민이의 케이크
반드시 | 반듯이

재민이가 유치원에서 케이크를 만들었어요.
"마음에 드는 과일을 올리고 젤리하고 초콜릿으로 예쁘게 장식도 해 봐요."
선생님 말이 떨어지자 재민이가 무언가를 한 움큼 쥐고 케이크를 장식하기 시작했어요.
"반드시 반듯하게 들어야 해요. 케이크 상자 흔들면 안 돼요, 알았죠?"
"네!"
아이들이 큰 소리로 대답했어요.
유치원 버스에서 내린 재민이는 형 재석이를 보고 손을 흔들었어요.
"형, 내가 케이크 만들었다."
재민이는 케이크 상자를 들어 보였어요. 재석이는 시큰둥하니 별 반응이 없었어요. 하지만 엄마는 반갑

게 맞아 주었어요.

"어머, 우리 재민이가 크리스마스 케이크 만들었네!"

"응. 세상에서 제일 맛있는 케이크야."

"정말?"

엄마가 기대에 찬 눈빛으로 케이크 상자를 열었어요.

"음, 이건 젤리니, 케이크니?"

재민이가 만든 케이크에는 온통 젤리뿐이었어요.

 맞춤법이 궁금해

반드시, 반듯이는 발음이 같아요.
하지만 뜻은 달라요.

반드시
➡ **틀림없이 꼭.**
- 약속 시간을 반드시 지켜라.
- 반드시 좋은 날이 올 거야.

반듯이
➡ 작은 물체 또는 생각이나 행동 따위가 비뚤어지거나 기울거나 굽지 않고 바르게.
- 책을 반듯이 세워 놓아라.
- 반듯한 마음가짐으로 살아라.
- 구부정하게 자지 말고 반듯이 누워 자거라.
- 허리를 반듯이 세우고 바른 자세로 앉아라.
- 오솔길이지만 구불거리지 않고 반듯하게 뻗어 있었다.

 맞춤법하고 놀자

 놓여 있던 모래시계를 누가 깨뜨렸을까?

범인을 잡고 말겠어.

교과서 맞춤법 교실

파랑색, 파란색? 무엇이 맞을까요?
색깔 이름을 어떻게 써야 하는지 알아보아요.

'색' 자가 붙지 않을 때	'색' 자가 붙을 때
파랑	파란색
하양	하얀색
노랑	노란색
빨강	빨간색
검정	검은색

파랑, 하양 같은 표현은 이미 파랗다, 하얗다 등의 뜻을 나타내는 명사예요.
그래서 '색'이라는 말을 따로 붙이지 않아요.

파란, 하얀 같은 표현은 파랗다, 하얗다의 변형으로 뒤에 오는 말을 꾸미는 역할을 해요.
파란 빛깔, 파란색처럼 쓰여요.

바다가 파랗다.
하늘은 파란색이야.
소방차는 빨간색이다.

재민이의 케이크

요즘 산타

부치다 | 붙이다

"재민아, 자야지."
엄마가 이부자리를 펴며 말했어요.
"안 잘 거예요. 산타 할아버지 만날 거예요."
재민이는 거실에 앉아 현관문만 바라봤어요.
"호호, 왜?"
"산타 할아버지에게 칭찬 스티커 주려고요."
"칭찬 스티커?"
"네. 착한 일 하면 붙여 주는 칭찬 스티커 말예요."

재민이는 손에 아끼는 공룡 스티커를
쥐고 있었어요.
"어쩌지, 산타 할아버지는 만날 수 없어."
"왜요?"
"요즘 산타는 선물을 택배로 부치거든."
"택배요?"
"응. 대신 칭찬 스티커 엄마한테 주고
자면 돼."
재민이는 얼굴에 실망하는 빛이
가득했어요.
"그럼 택배 아저씨 만날 거예요.
택배 아저씨한테 스티커 줄 거예요."
"우리 재민이 기특하기도 하지."
엄마는 재민이를 꼭 안아 주었어요.

부치다, 붙이다는 발음이 같아요.
하지만 뜻은 달라요.

부치다 → 편지나 물건을 보내다. 프라이팬에 음식을 익히다.
- 할머니께 소포를 부쳤다.
- 아빠는 달걀말이를 부치고, 엄마는 국을 끓였다.

붙이다 (붙다의 사동사) → 물건이 떨어지지 않게 하다. 불을 옮겨 타게 하다. 물체 또는 사람 사이를 바짝 가깝게 하다.
- 냉장고에 사랑한다는 엄마의 메모가 붙어 있었다.
- 장작에 불을 붙여 모닥불을 피웠다.
- 엄마 옆에 착 달라붙어 있었다.

엄마가 전을  동안 재민이는

엄마 옆에  떨어질 줄 몰랐다.

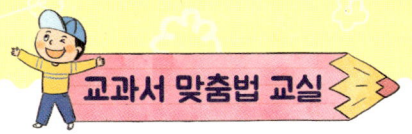

교과서 맞춤법 교실

잘못 쓰는 외래어 표현을 알아보아요.

잘못 쓴 외래어	올바른 외래어
데뷰	데뷔
수퍼	슈퍼
쥬스	주스
쵸콜릿, 초콜렛	초콜릿
텔레비젼	텔레비전
센타	센터
싸인	사인
컨텐츠	콘텐츠
부페	뷔페
앵콜	앙코르
케익	케이크
카라멜	캐러멜
케찹	케첩

송편 빚는 날

빗다 | 빚다

할머니가 거실에 하얀 종이를 깔았어요.
"할머니, 그림 그리실 거예요?"
재민이가 종이 위에 올라서서 물었어요.
"아니, 송편 빚을 거야."
할머니 말에 재민이는 실망하는 눈치였어요.
"어서 송편 빚을 준비해."
할머니가 가족들에게 큰 소리로 말했어요. 할머니 말에 엄마는 밤, 깨, 콩 같은 소가 담긴 양푼을 들고 오고, 고모는 송편 놓을 쟁반을 가져왔어요. 재석이

는 송편 소를 뜰 숟가락을 가져왔어요.

그 모습을 가만히 지켜보던 사촌동생 제제도 무언가를 가지러 갔어요.

"할머니, 빗!"

"응?"

"송편은 빗으로 빗는 게 아니거든."

유치원 다니는 재민이가 어린이집 다니는 사촌동생 제제에게 아는 체를 했어요.

"이렇게 손으로 하는 거야."

빗다와 빚다의 차이를 모르는 재민이는 손가락으로 송편 반죽을 쭉쭉 긁어 대며 잘난 체를 했어요.

빗다, 빚다는 발음이 같아요.
하지만 뜻은 달라요.

빗다
➡ 머리털을 빗 따위로 가지런히 고르다.
- 빗으로 머리를 빗다.
- 곱게 빗은 머리에 예쁜 핀을 꽂았다.

빚다
➡ 흙 따위의 재료를 반죽하여 어떤 형태를 만들다. 가루를 반죽하여 만두나 송편 따위를 만들다. 누룩으로 술을 담그다. 어떤 결과나 현상을 만들다.
- 도자기를 빚다.
- 속이 꽉 차게 만두를 빚었다.
- 술을 빚어 냉장고에 넣었다.
- 나들이객들로 고속도로가 정체 현상을 빚고 있다.

고사리손으로 조물조물 경단을  재민이는 어느새 할아버지 머리가 되어 있었다. 곱게  머리에 새하얀 찹쌀가루가 잔뜩 묻었기 때문이다.

교과서 맞춤법 교실

관용어는 습관적으로 쓰는 말이에요. 비유적 표현이 많아서 말을 할 때나 글을 쓸 때 사용하면 느낌이 잘 전달되고, 내용이 풍부해져요.

간이 떨어지다	몹시 놀라다.
납작코가 되다	체면, 자존심 따위가 손상되다.
눈 깜짝할 사이	매우 짧은 순간.
하루에도 열두 번	매우 빈번하게.
하루가 멀다고	거의 매일같이 자주.
죽기보다 싫다	아주 싫다.
죽고 못 살다	몹시 좋아하거나 아끼다.
아쉬운 대로	부족하나마 그냥 그대로.
아쉬운 소리	없거나 부족해 남에게 사정하는 말.
다리 뻗고 자다	마음 놓고 편히 자다.

얼마나 배가 고팠는지 눈 깜짝할 사이에 밥 한 그릇을 뚝딱 먹어 치웠다.

가로, 세로 열쇠를 읽고 정답을 맞혀 보세요.

①	㉠		②	㉡
	③			
			㉢	
㉣			④	㉤
⑤				

가로 낱말 열쇠

① 가까이 사는 집이나 그런 사람.

② 서로 모르는 사람들끼리 관계를 맺어 줌.

③ 오늘의 바로 하루 전날.

④ 주로 가죽을 재료로 하여 만든 서양식 신발.

⑤ 옷의 일정한 곳에 헝겊으로 덧대어 돈이나 소지품을 넣고 다니는 부분.

세로 낱말 열쇠

㉠ 나이나 신분이 자기보다 높은 어른.

㉡ 골짜기나 들에 흐르는 작은 물줄기.

㉢ 태양에서 세 번째로 가까운 행성. 인류가 사는 천체.

㉣ 사람이나 동물이 일정한 거리를 달려 빠르기를 겨루는 일.

㉤ 물에 불린 콩을 갈아서 만든 음식.

뛰는 아들 위에 나는 엄마
시키다 | 식히다

재석 심부름센터

종이에 쓴 문패예요. 한두 번 하는 심부름은 괜찮지만 자꾸 하다 보면 귀찮고 힘들거든요. 그래서 재석이가 꾀를 냈어요.

"저한테 심부름을 시키려면 이제부터 심부름 값으로 스티커 두 장을 줘야 해요."

뜨거운 차를 후후 불어 식히던 엄마가 눈을 치떴어요.

"공짜도 있어요. 하루에 세 번, 세 번이 넘어가면 스티커 두 장만 받을게요."

엄마는 차만 홀짝일 뿐 반응이 없었어요.

재석이는 기어들어가는 목소리로 한마디 덧붙였어요.

"원래는 용돈이었는데 아직 어리니까 스티커로…."

엄마는 찻잔을 탁 내려놓더니 빙그레 웃었어요.

"좋아. 그럼 너는 간식 달라고 할 때마다 엄마에게

스티커 세 장을 주렴."
"에이 엄마, 그건 좀…."
"그리고 양말 찾아 달라고 할 땐 두 장."
"아이 참, 엄만…."

제 꾀에 넘어간 재석이가 슬그머니 일어나 '재석 심부름센터'라고 쓴 종이를 떼어 냈어요.

 맞춤법이 궁금해

시키다와 식히다는 발음이 같아요.
두 단어 모두 '시키다'로 발음하지만 뜻은 전혀 달라요.

시키다
→ 어떤 일이나 행동을 하게 하다. 음식을 주문하다. 어떤 역할을 하게 하다.
- 선생님께서 심부름을 시키셨다.
- 떡볶이도 시키고, 어묵도 시켰다.

식히다 (식다의 사동사)
→ 더운 기운을 없애다. 나오던 땀을 나오지 않게 하다.
- 뜨거운 라면 국물을 식히다.
- 열을 식히려면 얼음주머니가 필요하다.

 맞춤법하고 놀자

더위를 ▢▢▢▢▢ 아이스크림을 먹기로 했다.

동생한테 사 오라고 심부름을 는데

엄마가 대신 사 오셨다.

교과서 맞춤법 교실

소리를 표현하는 의성어(소리를 나타내는 흉내말)에 대해 알아보아요.

숨 쉬는 소리	쌔근쌔근, 가랑가랑
울음소리	앙앙, 엉엉, 흑흑
작은 웃음	캐들캐들, 낄낄
큰 웃음	까르르, 깔깔
코 고는 소리	드르렁, 다르랑
걷는 소리	사뿐사뿐, 또각또각
물 마시는 소리	꼴깍꼴깍, 호로록
넘어지는 소리	우당탕, 쿵
방귀 뀌는 소리	뿡, 뽕
사과나 배 씹는 소리	아삭아삭, 사각사각
기침 소리	콜록콜록, 쿨룩쿨룩
떠드는 소리	재잘재잘, 숙덕숙덕
일부러 내는 헛기침 소리	어험, 으흠, 에헴

눈물 맛 양파 절임
저리다 | 절이다

"이게 다 뭐예요?"
주방 바닥에 식초와 양파가 가득했어요.
"양파 절이려고. 간장이랑 식초, 설탕이랑 섞어서 담그면 봄이가 좋아하는 양파 절임 완성!"
엄마가 물안경을 척 쓰더니 양파를 썰기 시작했어요.
"헤헤. 물안경을 쓰다니, 엄마 웃겨요."
"비장의 무기야. 이걸 쓰면 눈물이 안 나. 너도 해 볼래?"
"전 물안경 안 쓸래요."
엄마와 봄이는 바닥에 앉아 양파를 썰기 시작했어요. 잠시 후 훌쩍거리는 소리가 들렸어요.
"아, 따가워요. 훌쩍!"
봄이가 소리쳤어요.
봄이 얼굴은 눈물 범벅 콧물 범벅이었어요.

"아이고, 쪼그리고 있었더니 엄마는 다리가 저리다."
봄이는 연신 눈물을 닦았어요.
엄마는 연신 다리를 주물렀고요.
"호호. 양파 절임 먹기가 이렇게 힘들 줄 몰랐지."
그렇게 만든 양파 절임이라서 그런지 더 맛있게 먹었어요.

저리다와 절이다는 형태는 비슷하지만 전혀 다른 뜻으로 쓰여요.

저리다
→ 몸의 일부가 오래 눌려서 피가 잘 통하지 않아 남의 살처럼 감각이 둔하고 아리다.
- 산을 오래 탔더니 다리가 저리다.
- 손가락이 저려서 연필을 자꾸 놓친다.

절이다
→ 어떠한 재료에 소금, 식초, 설탕 등이 배어들게 하다.
- 김치를 담그려면 배추를 먼저 절여야 한다.
- 엄마는 가끔 설탕에 자두를 절여 자두 절임을 만드신다.

혼나느라 무릎을 꿇고 있었더니 다리가   .

혼난 뒤에 달콤한 자두   을 먹었지만

어쩐지 쓰다.

교과서 맞춤법 교실

자연의 모습을 표현하는 의태어(모양을 나타내는 흉내말)에 대해 알아보아요.

눈이나 비 오는 모양	부슬부슬, 포슬포슬
이슬이 맺힌 모양	방울방울
구름이 만들어지는 모양	뭉게뭉게, 몽개몽개
천둥 치는 소리나 모양	우르릉, 와르릉
별이 빛나는 모양	반짝반짝, 총총
물 흐르는 소리나 모양	졸졸, 돌돌, 잘잘
나뭇잎 흔들리는 모양	나풀나풀, 나울나울
단풍 든 모양	알록달록
바람 부는 모양	간들간들, 산들산들
해가 밝은 모양	쨍쨍
달이 밝은 모양	휘영청
날씨 어두운 모양	우중충, 지분지분, 찌뿌드드

우중충한 날씨에 우르릉 천둥까지 치니 무서워!

눈물 맛 양파 절임

마음은 스파이더맨

짚다 | 집다

아빠는 영웅을 좋아해요. 그래서 만날 영웅들이 나오는 영화만 보고, 놀이도 영웅 놀이만 해요. 뿐만 아니라 빨강에 거미줄이 쫙쫙 쳐 있는 옷도 있어요.

"스파이러어 매앤!"

아빠가 혀를 구부려 가며 외쳤어요. 까만 고무줄을 집어 던지며 거미줄을 뽑는 시늉도 했어요. 재민이도 아빠를 향해 재빨리 거미줄을 휙휙 날렸어요.

"받아라, 악당 스파이더맨!"

"으… 아들 스파이더맨에게 당하다니!"
아빠는 가슴을 부여잡고 벽으로 쓰러졌어요.

아빠는 마지막 공격을 하기로 했어요. 바닥에 손을 짚고 공중제비를 휙 돌았어요. 그러다 우당탕 넘어지고 말았어요.
"아, 발목이야."
발목이 삐끗한 아빠는 깁스를 한 채 목발을 짚고 다니게 됐어요.
"어렸을 때는 기똥차게 돌았는데…."
아빠가 멋쩍은지 씩 웃어 보였어요.

 **맞춤법이 궁금해**

짚다, 집다는 모두 '집따'로 발음해요. 하지만 쓰임이 다르기 때문에 맞춤법에 맞게 사용해야 해요.

짚다
→ 바닥이나 벽, 지팡이 등에 몸을 의지하다.
  이마나 머리 등을 손으로 눌러 대다.
• 바닥을 짚고 일어서다.
• 이마를 짚고 생각에 잠기다.

집다
→ 손가락이나 발가락, 젓가락이나 집게 같은 도구로 물건을 잡아 들다.
• 젓가락으로 콩을 집었다.
• 반찬은 젓가락으로 집어 먹자.

 **맞춤법하고 놀자**

할아버지께 지팡이를 드렸더니

빙그레 웃으셨다.

지팡이를  걸으시는 걸 보니 안심이 됐다.

교과서 맞춤법 교실

사람의 행동을 표현하는 의성어와 의태어에 대해 알아보아요.

느리게 걷는 모양	느실느실, 터덜터덜, 어정버정
빠르게 걷는 모양	조르르, 총총, 종종
힘차게 걷는 모양	씨엉씨엉, 저벅저벅
눈물 나는 모양	그렁그렁, 핑그르르
곁눈질하는 모양	할금할금, 흘금흘금
눈 감고 뜨는 모양	깜빡깜빡, 끔뻑끔뻑
춤추는 모양	덩실덩실
고개를 흔드는 모양	절레절레
작게 웃는 모양	벙그레, 방싯방싯
크게 웃는 모양	새실새실, 재그르르
조는 모양	건득건득, 스르르
자는 모양	폭, 쿨쿨, 새근덕새근덕

아기는 나비를 쫓아 씨엉씨엉 걷다가 어느새 새근덕새근덕 잠이 들었어요.

가슴이 철렁
짓다 | 짖다 | 짙다

고구마를 캐러 왔어요. 짙은 보랏빛이 나는 자색 고구마예요.

"상처 나지 않게 조심해야 해."

재석이 옆에 앉은 할머니가

"이렇게 고구마가 상처 나지 않게 둘레를 깊게 파야 해."

하고 가르쳐 주었어요.

"네, 할머니."

그런데 호미질이 서툰 재석이가 고구마를 콕 찍고 말았어요.

"살살 조심조심. 손도 조심하고 고구마도 찍지 말고 다시 캐 보거라."

재석이는 우선 콕 박힌 고구마를 힘껏 잡아당겼어요.

그때 흙뭉치 같은 것이 튀어나왔어요.

"으악!"
할머니도 깜짝 놀라 엉덩방아를 찧었어요.
"아이고, 놀라라. 두더지가 땅속에 집 짓고 살았네."
"새끼가 있어요."
재석이가 땅속을 가리켰어요.
아주 작은 새끼들이 꼼지락거리고 있었어요.
"찌리, 찌리."
눈도 못 뜬 새끼 두더지가 엄마를 찾아 울부짖는 것 같았어요.

짓다, 짖다, 짙다는 같은 소리가 나지만 받침이 달라요. 받침에 따라 뜻도 다르고, 쓰임도 다르지요.

짓다
→ 여러 재료로 밥이나 옷, 집 등을 만들다. 글을 쓰다. 농사를 하다.
- 오곡으로 밥을 짓다.
- 멋진 집을 지어 함께 살자.

짖다
→ 개나 새가 크게 소리를 내다.
- 강아지가 반가워서 멍멍 짖어 댄다.
- 까치가 아침에 짖으면 반가운 손님이 찾아온다.

짙다
→ 빛깔이 보통보다 뚜렷하고 강하다.
- 단풍이 더 짙어진다.
- 장미보다 더 짙은 빨간색.

☐ 보라색 고구마를 넣어

밥을 ☐ 맛이 좋다.

강아지도 고구마밥이 먹고 싶어 멍멍 ☐ 댄다.

교과서 맞춤법 교실

한 낱말에 여러 가지 뜻이 담겨 있는 단어가 있어요. 어떤 낱말에 어떤 뜻이 있는지 알아보아요.

손	따뜻한 물로 손을 씻다.	손
	바쁜데 손이 모자란다.	일할 사람
	잡채를 만드는 데 손이 많이 간다.	노력
눈	눈을 감고 들어 봐.	신체 부위 눈
	눈이 나쁘면 안경을 써야 한다.	시력
	그 문제는 태풍의 눈이 될 것이다.	중심 부분
놀다	우리 놀이터에서 놀자.	놀이
	삼촌은 요새 집에서 논다.	하는 일 없음
	저 땅은 아직 놀고 있다.	이용하지 않음
먹다	엄마랑 밥을 먹었다.	음식
	떡국 먹고 나이를 먹다.	더하다
	마음을 먹다.	품다
	욕을 먹다.	듣다
	축구하다 골을 많이 먹었다.	잃다

가슴이 철렁 79

너랑 나랑 도긴개긴
체 | 채

송재석과 박재석은 같은 반이에요. 둘은 이름만 같지 성격은 정반대예요. 틈만 나면 투덕거렸지요.

"송재석, 거미 다리가 여덟 개지 어떻게 여섯 개냐?"

"잘난 체는! 여섯 개 맞거든."

송재석은 화가 났지만 꾹 참았어요.

그러고는 얼른 도서관으로 달려갔어요. 정말 거미 다리가 여덟 개인지 확인하려고요. 책을 찾아 본 송재석은 울상을 지었어요. 정말로 거미 다리가 여덟 개였어요.

그런데 박재석에게 뭐든 지기 싫었어요.

"어쩌지?"

복수를 꿈꾸던 송재석은 힘이 쭉 빠져 터덜터덜 교실로 왔어요.

그런데 박재석이 의자에 앉은 채 꾸벅꾸벅 조는 게

보였어요.

'오, 기회다. 쟤를 확 놀라게 할까?'

기회가 왔다고 눈에 힘을 주던 송재석은 이내 고개를 흔들었어요.

'후유, 꿀잠 자는데 놀려서 뭐 해!'

송재석은 의자에 털썩 주저앉았어요.

그 소리에 놀란 박재석이 고개를 번쩍 들고는 안 잔 척 주위를 둘러보았어요.

 **맞춤법이 궁금해**

의존명사인 체와 채는 ㅔ와 ㅐ를 확실하게 구분해 써야 해요. 글자의 짜임도 다르고 뜻도 달라서 맞춤법에 맞게 쓰지 않으면 전혀 다른 뜻의 문장이 돼요.

체 → 거짓으로 그럴듯하게 꾸미는 태도.
- 모르면서 아는 체한다.
- 보고도 못 본 체하다.

채 → 이미 있는 상태 그대로.
- 여우를 산 채로 잡다.
- 밥도 못 먹은 채 학원에 갔다.

 **맞춤법하고 놀자**

책상 앞에 앉은 잠이 들었다.

엄마는 못 본 하고 문을 닫았다.

교과서 맞춤법 교실

관용어는 비유적 표현이 많아서 말을 할 때나 글을 쓸 때 사용하면 느낌이 잘 전달되고, 내용이 풍부해져요.

간이 콩알만 해지다	몹시 두려워지거나 무서워지다.
국물도 없다	돌아오는 몫이나 이득이 없다.
쥐도 새도 모르게	어떤 일을 감쪽같이 처리해 아무도 그 일을 모르게.
바가지를 씌우다	물건 값을 실제보다 비싸게 내 손해를 보다.
콧등이 시큰하다	어떤 일에 감격해 눈물이 나오려 하다.
담을 지다	관계나 인연을 끊다.
깨가 쏟아지다	몹시 아기자기하고 재미나다.

콧등이 시큰해지는 감동적인 이야기!

아자 아자 파이팅

해치다 | 헤치다

드디어 재능발표회 날이 됐어요.

봄이네 팀은 연예인처럼 노래와 춤을 보여 주기 위해 열심히 연습을 했어요. 잔뜩 긴장한 친구들이 덜덜 떨고 있었어요.

"틀리면 어쩌지?"

"동작도 자꾸 헷갈려. 우리 공연 망치면 어떡해…."

"야, 분위기 해치지 마. 잘할 수 있어."

봄이가 힘을 돋우어 말했어요.

무대를 내다본 봄이 눈에 엄마가 보였어요. 엄마는 사람들 틈을 헤치고 앞으로 나오고 있었어요.

"다른 사람들은 내가 틀리거나 말거나 신경 안 쓴대. 엄마 눈에는 나만 보이고, 틀려도 예쁘기만 하다고 하셨어."

자신감 넘치게 말했지만 사실 봄이도 떨리기는 마찬

가지었어요.

　드디어 봄이네 팀 차례예요. 서로 손을 꼭 맞잡아 힘을 주고 무대 위로 힘차게 나섰어요.

　'떨지 마. 가슴을 쭉 펴고, 숨을 크게 들이쉬고. 우리는 할 수 있어. 파이팅!'

　마음속으로 외쳤어요.

해치다, 헤치다는 서로 다른 모음을 가지고 있어요.
ㅐ로 쓰느냐 ㅔ로 쓰느냐에 따라 뜻이 다르지요.

해치다
→ 어떤 상태의 것을 망치거나, 사람의 몸이나 마음에 해를 입힐 때 쓰임.
- 아름다운 풍경을 해치다.
- 건강을 해치다.

헤치다
→ 속에 든 물건을 드러나게 하려고 덮인 부분을 파거나 젖히다. 모여 있는 것을 흩어지게 하다. 막힌 것을 뚫고 지나가다.
- 흙을 파헤치다.
- 수풀을 헤치다.
- 모여 있는 사람들을 헤치고 앞으로 나갔다.

나무를 자꾸 베고 흙을 ▨▨▨

아름다운 풍경을 ▨▨▨ 된다.

교과서 맞춤법 교실

우리 몸과 관련한 관용어에 대해 알아보아요.

가슴에 새기다	잊지 않게 단단히 마음에 기억하다.
골탕 먹이다	한 번에 크게 손해를 입히다.
속이 타다	걱정이 되어 마음이 달다.
등을 돌리다	뜻을 같이하던 사람과의 관계를 끊고 멀리하다.
눈을 붙이다	잠을 자다.
입을 모으다	여러 사람이 같은 의견을 말하다.
발이 넓다	사교적이어서 아는 사람이 많다.
손이 크다	씀씀이가 후하고 크다. 수단이 좋고 많다.
손이 여물다	일하는 것이 빈틈없고 꼼꼼하다.

골탕 먹인 건 하나지만
마음 넓은 내가
한 번만 눈감아 줄게.

가로, 세로 열쇠를 읽고 정답을 맞혀 보세요.

	㉠		①	㉡
②㉢		㉣		
	㉤		③㉥	
④				

가로 낱말 열쇠

① 추위를 막기 위하여 겉옷 위에 입는 옷.

② 아래위가 좁고 배가 부른 질그릇.

③ 짝을 이루는 동료.

④ 어렵고 고된 일을 겪음. 또는 그런 일이나 생활.

세로 낱말 열쇠

㉠ 곡식 따위를 찧거나 빻는 기구, 설비를 통틀어 이르는 말.

㉡ 무엇이 모자라거나 못마땅하여 떼를 쓰며 조르는 일.

㉢ 언제나 변함없이.

㉣ 음의 장단이나 강약 따위가 반복될 때의 규칙적인 음의 흐름.

㉤ 같은 부모에게서 태어난 사이인데 나이가 적음.

㉥ 2로 나누어서 나머지가 0이 되는 수.

지옥 버스를 타고

⌢데 ⌵데

아빠 꿈은 캠핑카를 갖는 거예요. 캠핑카를 타고 가족과 함께 우리나라 구석구석을 누비는 거지요. 그런데 현실은 캠핑카가 아닌 지옥 버스예요.

"다른 버스 탈걸. 이 버스는 안 가는 데 없이 다 거쳐 가네."

출근 시간이라 막히는 데다 버스가 정류장마다 서는 통에 머리가 지끈거렸어요. 밀려드는 사람들 틈에서 숨도 콱콱 막히는 것 같았어요.

"휴…. 떠나고 싶다."

아빠는 깊은 한숨을 쉬며, 캠핑카를 타고 가는 모습을 상상해요. 가족을 태우고 산과 바다를 여행해요. 하루를 숙제처럼 사는 게 아니니 바쁠 일이 없어요. 때가 되면 잠잘 데를 찾고, 먹을거리를 찾는 일로 하루를 보내겠지요. 정말 꿀맛 같은 하루일 거예요.

아빠는 슬쩍 웃으며 창밖을 살폈어요. 내려야 할 정류장이 다가왔어요.

"언젠가는 꼭 하고 말 테다!"

한숨이 저절로 나오는데 아빠는 으라차차, 마음을 다잡고 일터로 향했어요.

언젠가는 아빠 꿈이 꼭 이루어지겠지요?

그날을 위해 오늘도 파이팅을 외칩니다.

 **맞춤법이 궁금해**

⌒데와 ˇ데는 띄어쓰기를 잘해야 해요. 같은 글자라도 어떤 뜻의 낱말과 함께 쓰느냐에 따라 띄어 쓰거나 붙여 써야 해요.

➡ 뒷말을 이어 주는 연결형 어미로 쓰일 때와, 그런 데의 뜻을 가질 때는 붙임.
- 넌 얼굴도 예쁜데 마음은 더 예뻐.
- 나는 추운데 넌 안 추워?

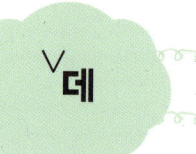

➡ 장소를 가리킬 때, 일어난 일에 대해 말할 때, 어떤 경우를 가리킬 때는 띄움.
- 거기까지 가는 데 한참 걸렸다.
- 잃어버린 장난감 찾는 데 한 시간이나 걸렸어.
- 영화관 같은 데 가면 답답해.

 **맞춤법하고 놀자**

"다른 가지 말고 곧장 와."

"날도 추운 어딜 가겠어요."

교과서 띄어쓰기 교실

띄어쓰기 없이 한 단어로 쓰이는 낱말이 있어요.
길지만 이미 굳어져서 널리 쓰이고 있어요.

얽히고설키다	가는 것이 이리저리 뒤섞이다. 관계나 일, 감정이 복잡하다.
큰코다치다	크게 봉변이나 무안, 창피를 당하다.
가는귀먹다	작은 소리를 잘 알아듣지 못할 정도로 귀가 안 들린다.
안절부절못하다	마음이 초조하고 불안하여 어찌할 바를 몰라 하다.
본체만체하다	보고도 모르는 척하다.
이제나저제나	어떤 일이 일어나는 때가 언제인지 알 수 없다.

본체만체하다가
큰코다치겠네.

새로운 식구

가리키다 | 가르치다

    재석이네 집에 새 식구가 생겼어요. 태어난 지 한 달 된 예쁜 강아지예요.
  "네가 조르고 졸라서 키우게 된 거니까 네가 책임져."
  종종거리며 꼬리를 따라 도는 모양이 정말 귀여워요.
  "이름을 초코라고 지을까요?"
  "우리랑 함께 살려면 똥오줌 정도는 가려야겠지?"
  "예삐로 할까요?"
  "같이 자는 건 절대 안 돼."
  엄마는 자꾸 딴소리만 하는 재석이를 흘겨보았어요.
  재석이는 움찔했지만 싱긋 웃어 보였어요.
  "똥을 어디에 싸야 하는지 잘 가르쳐."
  엄마는 베란다를 가리키며 말했어요.
  "처음부터 잘 가르쳐야 버릇이 잘 드는 거야."
  "알겠어요. 제가 잘 교육 시킬게요. 걱정 마세요."

재석이는 품으로 뛰어든 강아지를 살포시 안았어요.
"예뻐야, 지금부터 이 형이 훈련을 시킬 건데 잘 따라 해야 해. 잘못하면 너도 나도 엄마한테 혼나. 알겠지?"
재석이는 예뻐를 데리고 베란다로 나갔어요.

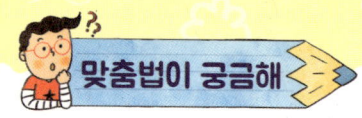 맞춤법이 궁금해

가리키다와 가르치다는 쓸 때마다 한 번씩 고개를 갸웃하게 하는 낱말이에요. 맞춤법을 잘 익혀 보세요.

가리키다
→ 손가락이나 물건을 어떤 방향이나 대상으로 향하게 하여 다른 사람에게 그것을 알게 하다.
• 손가락으로 컴퓨터를 가리켜요.
• 개똥을 가리키며 얼굴을 찌푸려요.

가르치다
→ 지식이나 기술 등을 설명해서 익히게 하다.
• 수학 문제 좀 가르쳐 주세요.
• 하나를 가르치면 열을 알아요.

 맞춤법하고 놀자

"줄넘기 ☐☐☐☐ 줄 테니 저쪽으로 가자."

나는 놀이터를 ☐☐☐☐☐ 말했다.

문장부호를 잘 사용하면 말이나 글의 뜻을 효과적으로 표현할 수 있어요. 또 문장을 바르게 이해할 수 있도록 도와주지요. 여러 가지 문장부호에 대해 알아보아요.

문장부호	이름	쓰는 법
.	온점	문장 끝에 써요.
,	반점	여러 가지 말을 늘어놓을 때나 이름을 부를 때 써요.
" "	큰따옴표	대화 내용을 표시하거나 남의 말이나 글을 인용할 때 써요.
' '	작은따옴표	마음속으로 한 말을 옮겨 적을 때나 강조하고 싶을 때 써요.
?	물음표	물어 보는 문장 뒤에 써요.
!	느낌표	감탄하거나 큰 소리를 옮길 때 써요.
……	말줄임표	뒷말을 줄일 때 써요.

"어디 가니?"
"……"
"어디 가냐고."
"또, 똥 누러!"

냄비의 새로운 이름

거치다 | 걷히다

 엄마가 주방에서 커다란 냄비를 들고 나왔어요. 너무 오래 써서 녹이 슬고 찌그러진 냄비였어요.
 "버리려고요?"
 "증조할머니 때부터 할머니를 거쳐서 엄마한테 온 건데 어떻게 버려."
 "그럼 뭐 하시게요?"
 "두고 봐. 제일 따뜻한 냄비가 될 테니."
 엄마는 거실에 돗자리를 깔고 DIY 재료들을 꺼내 왔어요. 냄비에 종이를 오려 붙여 글자를 만들고, 빨간 페인트를 칙칙 뿌렸어요. 뚜껑도 새로 달아 주었어요.
 "무슨 냄비가 빨간색이에요?"
 봄이는 피식 웃었어요.
 "자선냄비야. 아파트 입구에 놓을 거란다. 백 원, 이백 원 조금씩 걷히다 보면 큰돈이 되겠지. 그 돈으로 우리 동네에 홀로 사는 노인들을 도울 수 있어."
와, 고물 냄비의 변신도 엄마도 멋져 보였어요.
봄이는 제 방에서 돼지 저금통을 가져왔어요.
"제 돼지도 따끈한 자선냄비에 들어가고 싶대요."
"호호, 우리 봄이 최고!"
엄마와 봄이는 세상에서 제일 따뜻한 고물 냄비를 보며 씽긋 웃었어요.

거치다와 걷히다를 어떻게 구분해 쓸까요? 구분법을 알려면 단어의 뜻을 먼저 구분해야 해요.

거치다
→ 오가는 중에 어디를 지나거나 들르다.
- 대구를 거치고 울산을 거쳐 겨우 부산에 도착했다.
- 고장 난 물건이 아빠 손만 거치면 멀쩡해진다.

걷히다 (걷다의 피동사)
→ 여러 사람으로부터 돈이나 물건 등이 모아지다.
- 올해는 기부금이 적게 걷히면 안 될 텐데.
- 친구들과 용돈을 걷어 떡볶이 파티를 했다.

파티를 위해 친구들끼리 돈을 ▭.

먹을 것을 사려고 슈퍼를 ▭

빵집도 ▭ 다음 놀이터로 갔다.

교과서 맞춤법 교실

단위를 나타내는 우리말에 대해 알아보아요.

품목	세는 단위	쓰는 법
두부	모	두부 한 모
마늘 100개	접	마늘 한 접
김 100장	톳	김 한 톳
짚, 채소 따위의 묶음	단	시금치 한 단, 미나리 한 단
나무	그루	나무 한 그루
바늘 24개	쌈	바늘 한 쌈
고등어 2마리	손	고등어 한 손
오징어 20마리	축	오징어 한 축
국수	사리	국수 한 사리

끔찍한 너, 주사
깨끗이 | 가만히

"지성이도 걸렸대."

재석이네 반 아이들이 삼삼오오 모여 이야기를 나누고 있어요. 며칠 사이 세 명이나 독감에 걸려 결석을 했거든요.

"바이러스 대단하다. 너희들 독감 예방 접종 했어?"
태훈이가 둘러선 친구들에게 물었어요.

"나, 나는 아직…."

"예방 접종 안 해도 되지 뭐. 손만 깨끗이 씻으면 돼."

"그렇지? 나 정말 깨끗이 씻어."
지호가 태훈이 말에 맞장구를 쳤어요.

"손만 씻는다고 바이러스로부터 안전한 게 아냐. 기침할 때 침 튀는 건 어떡하고. 모르면 가만히 있지."
지우가 어른처럼 나서서 말했어요.

'아, 독감 안 걸리려면 예방 주사 맞아야 하는데….'

가만히 듣고 있던 재석이는 괜히 가슴이 떨렸어요. 엄마가 몇 번이나 예방 접종 하자고 했는데 안 맞았거든요. 아무래도 이번에는 주삿바늘을 피할 방법이 없을 것 같았어요.

'맞자, 맞아.

죽기 아니면 까무러치기지.'

뾰족한 주삿바늘이 눈앞에 아른거렸어요.

재석이는 저도 모르게 침을 꼴깍 삼켰어요.

깨끗이가 맞을까요, **깨끗히**가 맞을까요?
가만히가 맞을까요, **가만이**가 맞을까요?

이렇게 아리송할 때는 낱말 뒤에 '하다'를 붙여서 구분해 보세요. 그러면 쉽게 이해할 수 있어요. 예를 들어 '간편'에 '하다'를 붙여 '간편하다'라고 말이 되면 '히'가 붙어 '간편히'가 되고 자연스럽지 않으면 '이'가 붙어요.

하지만 주의할 게 있어요. '깨끗이'처럼 '하다'로 끝나더라도 그 앞에 있는 말의 받침에 'ㅅ'이 들어가면 '이'를 써요. '깨끗'의 '끗'에 'ㅅ'받침이 있으니까 '깨끗이'라고 써야 해요. 또한 '가만'에 '하다'를 붙이면 '가만하다'로 자연스럽지 않아요. 따라서 이가 붙어 '가만이'가 되어야 하지만 '가만히'가 맞아요. '가만이, 가만히' 끝음절이 명확히 '이'로 나지 않고 '이, 히' 둘 다 나는 것 같을 때는 '히'로 쓰기 때문이지요.

이처럼 '이'와 '히'를 구분하는 규칙을 모든 경우에 적용할 수는 없기 때문에 '이'와 '히'로 끝나는 말을 잘 익혀 두는 게 좋아요.

- 청소를 깨끗이 해.
- 오롯이 너만 봐.
- 가만히 좀 있어.
- 틈틈이 영어 공부도 해.

3학년이 되고 나서 내 방이 생겼다.

말끔 ▭ 정돈된 내 방을 보니 기분이 좋았다.

하지만 일일 ▭ 정리를 해야 한다는 단점이 있다.

교과서 맞춤법 교실

-이와 -히가 들어가는 낱말이에요.
맞춤법을 잘 익혀 보아요.

곰곰이	솔직히	느긋이
고요히	일찍이	조용히
일일이	소홀히	겹겹이
당당히	분명히	도저히
가까이	따뜻이	반듯이

솔직히, 솔직이?
틈틈이, 틈틈히?
헷갈려도 문제없다고.

꼼찍한 너, 주사

스스로 할 수 있어요
되 | 돼

　수업 시작종이 울리자 교문이 닫혔어요. 이제 학교 안으로 아무나 들어오지도 나가지도 못해요.
　"정말 안 돼요?"
　봄이 엄마가 교문 앞에서 발을 동동거려요.
　"네. 안 됩니다."
　교문을 지키는 지킴이 선생님이 고개를 흔들었어요.
　"아이가 준비물을 안 가져갔어요. 혼날 텐데 어쩌지요."
　엄마는 안타까운 눈으로 교실 창문을 쳐다보았어요. 봄이 혼나는 소리가 들리는 것 같았어요.
　"그럼 대신 전해 주시면 안 될까요?"
　"안 됩니다, 어머니. 저쪽을 보세요. 안내문이 쓰여 있잖아요. 아이한테 스스로 할 수 있도록 기회를 주세요."
　교문에는 이렇게 쓰여 있었어요.

엄마, 나도 할 수 있어요. 내 준비물은 내가 챙길게요. 잊어버려도 괜찮아요. 다음번에는 잊지 않을 테니까요.

안내문을 읽은 봄이 엄마는 어쩔 수 없이 발길을 돌려야 했어요.
"그래. 혼자 하는 습관을 들여야지. 그래야 책임감도 배울 거야!"

 맞춤법이 궁금해

'돼'는 '되어'가 줄어서 만들어진 말이에요. '되'와 '돼'가 헷갈릴 때에는 그 자리에 '되어'를 넣어 읽어 보면 쉬워요. '돼' 자리에 '되어'가 들어가 말이 되면 '돼'를, 말이 안 되면 '되'를 쓰면 됩니다.

• 사과 한 개면 되지, 두 개는 안 돼요.   • 우유 한 컵이면 됩니다.
• 넘어지면 안 돼요.   • 너는 되고 나는 왜 안 돼?

 맞춤법하고 놀자

여름에는 캠핑이 제맛이지만 겨울에는 안  요.

난방이 안 니 추워서 잠을 잘 수 없어요.

108 맞춤법이 궁금해?

교과서 맞춤법 교실

기분을 표현하는 데도 여러 가지 낱말이 있어요.
내 기분을 더 다양하게 표현해 보아요.

창피하다	체면이 깎이는 일이나 아니꼬운 일을 당하여 부끄럽다.
신나다	어떤 일에 흥미나 열성이 생겨 기분이 매우 좋아지다.
서운하다	마음에 모자라 아쉽거나 섭섭한 느낌이 있다.
좋다	어떤 일이나 대상이 마음에 들 만큼 흡족하다.
슬프다	원통한 일을 겪거나 불쌍한 일을 보고 마음이 아프고 괴롭다.
기쁘다	욕구가 충족되어 마음이 흐뭇하고 흡족하다.
당황스럽다	놀라거나 다급하여 어찌할 바를 몰라 하는 데가 있다.
어이가 없다	일이 너무 뜻밖이어서 기가 막히는 듯하다.

사람 많은 데서 넘어지면 창피할까, 당황스러울까?

게임이냐 공부냐
-든지 | -던지

아파트 마당에서 태오가 게임을 하고 있어요. 손가락을 열심히 움직여 벽을 쌓고 마당에 꽃도 심었어요.

재석이는 태오가 게임하는 것을 잠깐 보다 말고 책을 폈어요.

"오늘부터 책벌레 하기로 한 거야?"

"삼진아웃 당했잖아. 게임만 하다가 엄마한테 경고 받고 휴대전화 뺏겼어. 이거 안 읽으면 안 준대."

재석이가 억울하다는 듯 책을 들어 보였어요.

"나처럼 시간과 장소를 잘 선택해야지."

태오는 우쭐거리며 게임기에서 눈을 떼지 않고 게임에 빠져들었어요.

재석이는 책 읽기에 빠져들었어요. 생각보다 책이 재미있었거든요. 얼마나 집중했던지 시간 가는 줄 몰랐어요.

한 사람은 게임에, 한 사람은 독서에 빠진 거예요.
따각따각, 다가온 발걸음이 두 사람 앞에 섰어요.
둘 다 알아채지 못했어요.
"김태오, 잘하는 짓이다. 공부든지 독서든지 선택해야 할걸. 안 그러면 매가 한 말이다."
크크, 누구 엄마인지 알겠지요?

선택의 의미를 말할 때는 -든지를, 과거의 일을 말할 때는 -던지를 써야 해요.

-든지
→ 두 가지 또는 그 이상의 동작이나 상태, 대상들 중 하나를 선택할 때.
- 먹든지 말든지 알아서 해.
- 걸어서든지 뛰어서든지 오기만 해.

-던지
→ 지나간 일에 대한 사실을 말할 때, 뒷말에 대한 이유나 판단을 나타낼 때.
- 얼마나 춥던지 온몸이 꽁꽁 얼었다.
- 아이는 노는 게 재밌었던지 보채지 않았다.

오렌지가 크 ▢ 작 ▢ 상관없었다.

얼마나 맛있게 먹었 ▢ 배가 터질 지경이었다.

서로 다른 두 개의 자음으로 이루어진 받침이 있어요. 이를 겹받침이라고 해요. 겹받침에는 'ㄱㅅ, ㄴㅈ, ㄹㄱ, ㄹㅁ, ㄹㅎ, ㄹㅌ, ㅂㅅ' 등이 있어요. 어떤 단어에 쓰이는지 알아보아요.

그곳엔 아무도 없었다.

지갑을 잃어버렸다.

강아지가 내 얼굴을 핥았다.

엄마가 계란을 삶아 주셨다.

도서관에서 책을 읽고 왔다.

일을 하고 품삯을 받았다.

의자에 앉아 있어라.

삶, 핥았다, 읽다, 품삯. 어려운 겹받침 때문에 입이 바쁘네.

가로세로 낱말 맞히기

가로, 세로 열쇠를 읽고 정답을 맞혀 보세요.

①ㄱ				ⓛㄴ	
		②	ㄷ		
	ㄹ		③	ㅁ	
	④				
⑤			⑥		

가로 낱말 열쇠

① 사람이나 동물 모양으로 만든 장난감.

② 사람이 본래부터 지닌 성격이나 품성.

③ 인사할 때 두 사람이 한 손을 마주 잡는 일.

④ 어떠한 결론이나 결과에 이른 까닭이나 근거.

⑤ 장이 서는 터.

⑥ 오늘의 바로 다음 날.

세로 낱말 열쇠

㉠ 보행자가 통행하도록 된 도로.

㉡ 지구의 표면을 덮고 있는 바위가 부스러져 생긴 가루.

㉢ 박자나 가락 등을 조화롭게 이루어 목소리나 악기를 통하여 감정을 나타내는 예술.

㉣ 주로 아이들이 놀이를 하는 곳.

㉤ 월요일을 기준으로 한 주의 셋째 날.

살벌한 아침 식탁

―로서|―로써

아침 출근 시간, 온 가족이 정신없이 바빴어요. 엄마는 아침 식사 챙기랴 아빠 챙기랴 아이들까지 챙겨야 했기 때문에 더 바빴어요.

"여보, 바지가 없어."

"엄마, 내 치마 어디 있어요?"

엄마는 서둘러 원하는 것들을 찾아 주었어요. 엄마로서 몸이 두 개라도 모자랄 만큼 할 일이 너무 많았어요.

"어서 아침부터 먹자."

엄마가 따뜻한 아침밥을 차려 놓았어요. 온 가족이 식탁에 앉으니 꽉 찼어요.

"당신은 아내로서도 엄마로서도 최고야!"

아빠가 엄마를 칭찬했어요.

"아빠, 말로써 칭찬하시는 거 보니 수상해요?"

"맞아요, 엄마한테 잘못하신 거 있는 거예요."

"어서들 밥 먹고 학교 가야지."

엄마가 그만 하라는 신호를 주었어요.

"여보, 그게 말이야. 다음 달 용돈 미리 주면 안 될까?"

아빠가 엄마 눈치를 보며 물었어요.

"벌써 용돈을 다 쓴 거예요!"

엄마 목소리에 식탁 분위기가 살벌해졌어요.

−로서와 −로써 정말 헷갈리는 말이지요.
언제 어떻게 써야 할까요?

−로서

→ 지위나 신분 또는 자격을 나타내는 말.
- 우리의 일은 엄마로서 꼭 해야 하는 일이다.
- 너는 친구로서는 좋지만 짝꿍으로서는 별로다.
- 아버지로서 아들에게 잘한 게 없다.

−로써

→ 어떤 일의 수단이나 도구를 나타내는 말. 시간을 셈 할 때 셈에 넣는 한계를 나타내거나 어떤 일의 기준 이 되는 시간임을 나타내는 말.
- 말로써 천 냥 빚을 갚는다.
- 이제는 눈물로써 호소하는 수밖에 없다.
- 드디어 올해로써 모든 일을 끝냈다.

나는 요리사 ▢▢▢ 오랫동안 빵집을 운영해 왔다.

하지만 올해는 장사가 너무 되지 않았다.

그래서 올해 ▢▢▢ 빵집 문을 닫기로 했다.

교과서 맞춤법 교실

우리말에는 쪼갤 수 있는 말들이 있어요. 이런 말을 합성어라고 불러요. 합성어는 두 개 이상의 낱말이 모여 새로운 뜻을 가진 낱말이 된 것이에요.

두 개의 낱말	합성어	두 개의 낱말	합성어
돌+다리	돌다리	김+밥	김밥
국+밥	국밥	밤+안개	밤안개
고무+풍선	고무풍선	병+따개	병따개
돌+고래	돌고래	물+방울	물방울
땀+방울	땀방울	고무+장갑	고무장갑
유리+그릇	유리그릇	집+안	집안
밥+그릇	밥그릇	밥+공기	밥공기

치과에 간 봄이
아니요|아니오, 예|네

"할아버지, 아 해 보세요."
의사 선생님이 말했어요.
할아버지 모습을 지켜보던 봄이도 자연스럽게 얼굴이 찡그러졌어요.
"할아버지, 지금부터 치료를 할 거예요. 아프시면 왼손을 들어 주세요."
"예."
할아버지가 고개를 끄덕였어요.
"봄이야, 책 읽으면서 기다려라."
"네."
의사 선생님 말에 봄이는 소파에 앉았어요.
"이건 만화책이 아니오, 이건 동화책이 아니오."
봄이는 진료실 밖에서 책을 읽고 있었어요.
"봄이, 할아버지 모시고 왔구나."

간호사가 물었어요.
"아니요, 할아버지가 저를 데려왔어요."
"그 녀석 똑 부러지기도 하지."
간호사는 봄이를 바라보며 웃었어요.
"헤헤!"
"봄이 너는 아픈데 없니?"
"네, 저는 없어요."
봄이는 큰 소리로 대답했어요.

 **맞춤법이 궁금해**

아니요, 아니오, 예, 네 대답할 때 쓰는 말이에요.
언제 어떻게 써야 할까요?

아니요	→ 윗사람이 묻는 말에 부정하여 대답할 때 쓰는 말.
아니오	→ '이것은 책이 아니오, 나는 홍길동이 아니오'와 같이 한 문장의 서술어로만 쓴다.

✏️ 다음 물음에 '예', '아니요'로 답하시오.

→ 이렇듯 '예'에 상대되는 말은 '아니요'이다.
　그리고 '예'는 '네'의 비슷한 말이다.

네	→ 윗사람의 부름에 대답하거나 묻는 말에 긍정하여 대답할 때 쓰는 말.

 **맞춤법하고 놀자**

"여러분, 여기 이 화분 맞나요?"

"　　."

"누가 깼는지 알고 있나요?

"　　　　."

교과서 맞춤법 교실

암컷과 수컷을 나타내는 말을 알아보아요.
수컷을 나타낼 때는 앞 글자에 수를 붙여 써요.

수꿩	수캉아지
수나사	수평아리
수놈	수컷
수사돈	수탉
수소	수탕나귀
수은행나무	수퇘지

※ 예외인 경우: 숫양, 숫염소, 숫쥐

이것은 수탉이 아니오.
저것은 숫양이 아니오.

만두 만들기
얇다│두껍다, 가늘다│굵다

온 식구가 모여 앉았어요.
"누가 제일 예쁘게 만드나 볼까?"
할머니가 말했어요.
재석이와 봄이는 서로 질세라 만두를 만들었어요.
할머니처럼 엄마처럼 예쁘게 되지 않았어요.
"아빠 만두는 왜 그렇게 두꺼워요?"
"아빠 손이 굵어서 그런가 보다."
"오빠 만두는 얇아서 금방 터질 것 같아."
봄이가 재석이 만두를 보며 놀렸어요.
"너는 얼마나 잘 만들어서 그래. 어디 봐."
봄이가 만두를 뒤로 감췄어요.
"어디, 할머니가 좀 볼까?"
"봄이 만두는 작고 귀엽게 생겼네. 봄이 손이 가늘어서 그런가 보다."

"하하하, 꼭 못생긴 돌멩이 같아."
이번에는 재석이가 봄이를 놀렸어요.
"너희들, 자꾸 장난치면 못 만들게 한다."
할머니 말에 재석이와 봄이는 장난을 멈추고 할머니가 빚은 만두를 찬찬히 살펴보았어요.

얇다와 두껍다는 뜻이 서로 반대되는 말이에요.

얇다	➡ 두께가 두껍지 아니하다.	• 오늘 입은 옷이 얇다. • 추워서 옷을 두껍게 입었다.
두껍다	➡ 두께가 보통의 정도보다 크다.	

가늘다와 굵다도 뜻이 서로 반대되는 말이에요.

가늘다	➡ 물체의 지름이 보통의 경우에 미치지 못하고 짧다.	• 파란 실이 동생 머리카락보다 가늘다. • 운동선수들의 손가락이 굵다.
굵다	➡ 물체의 지름이 보통의 경우를 넘어 길다.	

추운 날씨에 옷을 ▭ 입지 않고

▭ 입었더니 감기에 걸렸다.

할아버지는 ▭ 손가락으로

바느질을 하시겠다며 ▭ 실을 꺼내셨다.

우리말에는 서로 반대의 뜻을 가진 말들이 있어요.
어떤 말이 있는지 살펴 볼까요?

굵다	가늘다	얇다	두껍다
높다	낮다	울다	웃다
가볍다	무겁다	좁다	넓다
빠르다	느리다	길다	짧다
오전	오후	깊다	얕다
많다	적다	걷다	뛰다
가깝다	멀다	행복	불행
크다	작다	가다	오다

흑흑, 흐흐,
울다가 웃다가….

지진은 무서워

어떡해 | 어떻게

뉴스에서 지진 소식이 전해졌어요.
봄이는 뉴스를 보면서 가슴이 콩닥거렸어요.
"엄마, 지진이 나면 우린 어떡해요?"
"지난번에 지진 대비 훈련 받았잖아."
엄마가 봄이를 안심시켰어요.
"안 되겠어요. 저도 준비를 해야지."
"무슨 준비를 한다는 거야."
봄이는 방으로 들어가 커다란 가방을 꺼냈어요. 그러더니 중요한 물건들을 가방에 넣기 시작했어요.
"이건 어두울 때 필요할 거고, 이건 추울 때 덮을 담요고…."
금세 가방이 빵빵해졌어요.
"엄마, 가장 중요한 물은 어떻게 준비하죠?"
봄이가 물병을 들며 물었어요.

"가방 보니 물은커녕 들지도 못하겠다."
엄마는 깔깔 웃었어요.
"그럼 물부터 넣어야겠어요."
　봄이는 다시 가방을 열고 물건을 꺼냈어요. 그러더니 물병을 넣고 다시 가방을 싸기 시작했어요. 봄이는 하루 종일 가방을 열었다 닫았다 반복했어요.

어떡해와 어떻게 정말 틀리기 쉬운 글자예요.
어떻게 다른지, 어떻게 쓰면 되는지 알아볼까요?

어떡해
- '어떻게 해'가 줄어든 말.
- 엄마, 할아버지가 많이 아프시면 어떡해.
- 이번 시험 못 보면 어떡해.
- 내일 바람이 많이 불면 어떡하지?

어떻게
- '어떠하다'가 줄어든 '어떻다'에 '-게'가 합쳐진 말.
- 이번 여름휴가는 어떻게 보내면 될까?
- 동화책 내용은 어떻게 되니?

어떡해, 어떻게가 헷갈릴 때
'어떻게 해'로 바꿔서 말이 되면 '어떡해'가 맞아요.

"나는 감기에 걸려서 시험을 못 볼 것 같아."

"나도 그래. _____ 하면 될까?"

"우리 둘 다 시험 못 보면 _____."

교과서 맞춤법 교실

구개음화는 뭘까요?
ㄷ, ㅌ이 ㅣ모음을 만나 ㅈ, ㅊ으로 바뀌는 현상을 말해요. ㅈ, ㅊ과 같이 혓바닥과 입천장 사이에서 나는 소리를 구개음이라고 하는데, 구개음이 아닌 ㄷ, ㅌ이 ㅣ모음과 함께 쓰이면 구개음인 ㅈ, ㅊ으로 바뀌는 현상이지요.

맏이	마지	걷히다	거치다
해돋이	해도지	닫히다	다치다
굳이	구지	묻히다	무치다
같이	가치	갇히다	가치다
끝이	끄치	굳히다	구치다

공부는 끝이 안 보여. 이젠 너무 졸려서 공부가 안 돼!

재석이의 우산

잃다 | 잊다

"재석아, 우산 가져가!"
엄마가 파란 우산을 꺼내 주었어요.
"비 올 것 같지 않은데요."
"일기예보에서 오후에 비 온다고 했어."
재석이는 귀찮다는 듯이 우산을 가방에 넣었어요. 그런데 학교 수업이 끝나도 비는 오지 않았어요.
재석이는 친구들과 떠들며 신호등 앞에 서 있었어요.
그때 갑자기 비가 내리기 시작했어요. 아이들은 신발주머니와 가방을 머리 위로 들었어요.
"재석아, 너 우산 가져왔다고 했잖아?"

"아, 맞다!"
"너, 우산 가져온 걸 잊어버린 거야?"
재석이는 그제야 가방을 뒤지기 시작했어요.
하지만 우산이 없었어요.
"아! 교실에 두고 왔나."
"너, 우산 잃어버린 거 아냐?"
재석이는 다시 가방을 뒤적였어요.
"없어, 엄마한테 혼나겠다. 우산 잃어버렸다고…."
재석이는 시무룩한 표정으로 비를 맞았어요.

잃다와 잊다 많이 헷갈리지요?

잃다
→ 가졌던 물건이 자신도 모르게 없어져 그것을 갖지 아니하게 되다. 가까운 사람이 죽어서 그와 이별하게 되다.
- 엄마가 지갑을 잃어버렸다.
- 지원이는 잃어버린 필통을 찾았다.
- 교통사고로 소중한 목숨을 잃어버렸다.

잊다
→ 한 번 알았던 것을 기억하지 못하다. 기억해 두어야 할 것을 한 순간 미처 생각하여 내지 못하다.
- 나는 친구 생일을 잊어버렸다.
- 동생이 약속 시간을 잊어버렸다.
- 나는 그 친구를 잊은 지 오래됐다.

시골 청년이 물에 빠져 목숨을  뻔한 도시 소년을 구해 주었다. 도시 소년은 청년이 되어서도 시골 청년에 대한 고마움을  않았다.

교과서 맞춤법 교실

사이시옷에 대해 알아보아요.
사이시옷은 두 말이 결합하여 하나의 덩어리가 될 때, 그 사이에서 덧나는 소리를 말해요.

두 개의 말	합쳐진 말
나루+배	나룻배
모기+불	모깃불
배+길	뱃길
조개+살	조갯살
아래+마을	아랫마을
내+물	냇물
나무+잎	나뭇잎
깨+잎	깻잎
해+볕	햇볕
비+물	빗물

2011~2016년 추가된 표준어

현재 표준어 외에 같은 뜻으로 많이 쓰이는 말을 복수 표준어로 인정한 경우

기존 표준어	추가된 표준어
간질이다	간지럽히다
남우세스럽다	남사스럽다
목물	등물
만날	맨날
묏자리	못자리
복사뼈	복숭아뼈
세간	세간살이
쌉싸래하다	쌉싸름하다
고운대	토란대
허섭스레기	허접쓰레기
토담	흙담

구안괘사	구안와사
굽실	굽신
눈두덩	눈두덩이
삐치다	삐지다
작장초	초장초(괭이밥을 말함)
마을	마실: 이웃에 놀러 다니는 일에 한하여 표준어로 인정.
예쁘다	이쁘다
차지다	찰지다
-고 싶다	-고프다: '-고 싶다'가 줄어든 말로, '엄마가 보고파 울었다' 처럼 쓰임.

뜻이나 어감 차이를 인정한 별도 표준어

기존 표준어	추가된 표준어
-기에	-길래: -기에의 구어적 표현.
괴발개발	개발새발: 개의 발과 새의 발.
날개	나래: '날개'의 문학적 표현.
냄새	내음: 향기롭거나 나쁘지 않은 냄새로 제한.
눈초리	눈꼬리: 눈의 귀 쪽 째진 부분. 눈초리: 어떤 대상을 바라볼 때 눈에 나타나는 표정.
떨어뜨리다	떨구다: 떨어뜨리다는 뜻 외에 떨구다에는 '시선을 아래로 향하다'라는 뜻이 있다.
뜰	뜨락: 뜰이 갖는 뜻 외에 추상적 공간을 비유하는 뜻이 있다.
먹을거리	먹거리: 사람이 살아가기 위하여 먹는 음식을 통틀어 이름.
메우다	메꾸다: 무료한 시간을 적당히 또는 그럭저럭 흘러가게 하다.
손자	손주: 손자와 손녀를 아울러 이름.
어수룩하다	어리숙하다: 어리석음의 뜻이 강함. 어수룩하다: 순박함, 순진함의 뜻이 강함.

연방	연신: 반복성을 강조. 연방: 연속성을 강조.
횡허케	횡하니 횡허케: '횡하니'의 예스러운 표현.
개개다	개기다: 명령이나 지시를 따르지 않고 버티거나 반항하다.(속되게 표현) 개개다: 성가시게 달라붙어 손해를 끼치다.
꾀다	꼬시다: '꾀다'를 속되게 이르는 말.
장난감	놀잇감: 놀이 또는 아동 교육 현장 등에서 활용되는 물건이나 재료. 장난감: 아이들이 가지고 노는 여러 가지 물건.
딴죽	딴지: 일이 잘 진행되지 못하게 훼방을 놓거나 어기대는 것. 주로 '걸다, 놓다'와 함께 쓰인다. 딴죽: 이미 동의하거나 약속한 일에 대하여 딴전을 부림.
사그라지다	사그라들다: 삭아서 없어져 가다. 사그라지다: 삭아서 없어지다.
섬뜩	섬찟: 갑자기 소름 끼치도록 무시무시하고 끔찍한 느낌이 드는 모양.
속병	속앓이: 속이 아픈 병 외에 겉으로 드러내지 못하고 속으로 걱정하거나 괴로워하는 뜻이 있다.
허접스럽다	허접하다: 허름하고 잡스럽다.
가오리연	꼬리연: 긴 꼬리를 단 연. 가오리연: 가오리 모양으로 만들어 꼬리를 길게 단 연.

의논	의론: 어떤 사안에 대하여 각자의 의견을 제기함. 또는 그런 의견. 의논: 어떤 일에 대하여 서로 의견을 주고받음.
이키	이크: 당황하거나 놀랐을 때 내는 소리. '이키'보다 큰 느낌을 준다.
잎사귀	잎새: 나무의 잎사귀. 주로 문학적 표현에 쓰인다.
푸르다	푸르르다: '푸르다'를 강조할 때 이르는 말.
거방지다	걸판지다: 매우 푸지다. 동작이나 모양이 크고 어수선하다. 거방지다: 몸집이 크다. 하는 짓이 점잖고 무게가 있다. 매우 푸지다.
겉울음	겉울음: 드러내 놓고 우는 울음. 마음에도 없이 겉으로만 우는 울음. 건울음: 눈물 없이 우는 울음. 억지로 우는 울음.
까다롭다	까탈스럽다: 조건, 규정 따위가 복잡하고 엄격하여 적응, 적용하기 어려운 데가 있다. 성미나 취향 따위가 원만하지 못하고 별스러워 맞춰 주기에 어려운 데가 있다. 까다롭다: 조건 따위가 복잡하거나 엄격하여 다루기에 순탄하지 않다. 성미나 취향 따위가 원만하지 않고 별스럽게 까탈이 많다.
실몽당이	실뭉치: 실을 한데 뭉치거나 감은 덩이. 실몽당이: 실을 풀기 좋게 공 모양으로 감은 뭉치.

자음 또는 모음의 차이로 인한 별도 표준어

기존 표준어	추가된 표준어
거치적거리다	걸리적거리다
끼적거리다	끄적거리다
두루뭉술하다	두리뭉실하다
맨송맨송	맨숭맨숭, 맹숭맹숭
바동바동	바둥바둥
새치름하다	새초롬하다
아웅다웅	아옹다옹
야멸치다	야멸차다
오순도순	오손도손
찌뿌듯하다	찌뿌둥하다
치근거리다	추근거리다

표준어로 인정된 표기와 다른 표기 형태도 많이 쓰여서 두 표기를 모두 표준어로 정한 경우

기존 표준어	추가된 표준어
태껸	택견
품세	품새
자장면	짜장면

현재 표준적인 활용형과 용법이 같은 활용형으로 인정한 복수 표준형

기존 표준어	추가된 표준어
마, 마라, 마요	말아, 말아라, 말아요
노라네, 동그라네, 조그마네	노랗네, 동그랗네, 조그맣네
에는	엘랑
주책없다	주책이다

★ <맞춤법하고 놀자> 정답

14. 갖고 | 갔다 | 같아
18. 거름 | 걸음
22. 낮 | 나아 | 낳고
26. 너머 | 넘어
30. 닫다가 | 다친
34. 마치고 | 맞혔 | 맞추어
40. 매고 | 메고
44. 무치고 | 묻히고
48. 받쳐 | 바칠
52. 반듯이 | 반드시
56. 부치는 | 붙어서
60. 빗던 | 빗은
66. 식히려고 | 시켰
70. 저렸다 | 절임
74. 집어 | 짚고
78. 짙은 | 지었더니 | 짖어
82. 채 | 체
86. 헤치면 | 해치게
92. 데 | 대
96. 가르쳐 | 가리키며
100. 걷었다 | 거치고 | 거친
104. 히 | 이
108. 돼 | 되
112. 든지 | 든지 | 던지
118. 로서 | 로써
122. 네(예) | 아니오
126. 두껍게 | 얇게 | 굵은 | 가는
130. 어떻게 | 어떡해
134. 잃을 | 잊지

★ <가로세로 낱말 맞히기> 정답

36쪽

설	거	지		효
	짓		지	도
	말	기		
송		도	장	
편	지		갑	부

62쪽

이	웃		소	개
	어	제		울
	른		지	
경			구	두
주	머	니		부

88쪽

	방		외	투
항	아	리		정
상		듬		
	동		짝	꿍
고	생		수	

114쪽

인	형			흙
도		마		음
	놀		악	수
	이	유		요
장	터		내	일